DIDACTIQUE DES LANGUES ÉTRANGÈRES

Collection dirigée par Robert GALISSON
Professeur à l'Université de la Sorbonne Nouvelle

Situations d'oral

documents authentiques : analyse et utilisation

Monique LEBRE-PEYTARD

D0882373

CLE INTERNATIONAL
27, rue de la Glacière – 75013 PARIS

Monique LEBRE-PEYTARD a été chargée de recherches au BELC de 1972 à 1984. Actuellement, assistante à l'Université de Franche-Comté, elle contribue à la formation initiale des étudiants en linguistique et en didactique du français. Elle participe en tant que chercheur aux travaux du CRELEF (Centre de Recherches en Linguistique et Enseignement du Français). Elle a soutenu en mars 1987, à l'Université de la Sorbonne Nouvelle Paris III, une thèse dirigée par M. le Professeur Robert Galisson, sur « l'écoute-analyse des documents sonores et leur utilisation en classe de langue ».

Publié avec l'aide
du ministère français chargé de la culture.

CLE International 1990
ISBN 219 033 267-2

SOMMAIRE

3

AVANT-PROPOS

DES PREMIÈRES MÉTHODES AUDIO-VISUELLES AUX DOCUMENTS AUTHENTIQUES

Même si le caractère parfois figé des premières productions audiovisuelles prête aujourd'hui à sourire, force est de reconnaître l'apport novateur que constitua par rapport aux méthodes de «grammaire» ou «lecture-traduction», l'introduction en classe d'un langage oral employé en situation pour l'enseignement des langues étrangères. Contrairement aux méthodes audio-orales conçues outre-Atlantique, elles prônaient — autre innovation — une mise en situation par l'image; si on a depuis beaucoup glosé sur les naïvetés et les erreurs qui sous-tendaient cette synchronisation image / parole et la recherche d'une impossible adéquation des codes linguistique et iconique, on peut aussi y déceler — implicitement posé — le rôle que joue dans l'apprentissage d'une langue, la comparaison de différents types de messages. Ainsi l'amélioration de la compréhension / production des discours oraux suppose-t-elle nécessairement une mise en relation de l'oral et des autres systèmes sémiotiques que sont l'iconique, le scriptural et/ou le gestuel...

Des dialogues des premières méthodes audio-visuelles à ceux des productions pédagogiques récentes, on a certes progressé dans l'art «d'apprendre à communiquer». Les recherches entreprises dans le cadre du Conseil de l'Europe y ont largement contribué. Les réalisations des années 70 orientées vers les apprenants de Niveau II qui marquèrent les premières utilisations en classe des documents dits authentiques y sont aussi pour beaucoup.

REJET OU EMPLOI DES DOCUMENTS AUTHENTIQUES EN CLASSE?

L'emploi des documents authentiques en classe est apparu lorsque les didacticiens se sont préoccupés des apprenants qui étaient au-delà du niveau débutant. Pour ces étudiants qui avaient des aptitudes linguistiques souvent hétérogènes, le simple prolongement de la méthodologie employée au Niveau I était inadéquat. Il fallait les faire passer du maniement d'une langue prétendument «neutre» et aux structures langagières limitées à l'acquisition d'une compétence linguistique permettant une plus grande liberté d'expression. Faire entrer dans la classe des messages sonores, écrits, visuels, ou pluricodés appartenant à l'environnement quotidien des

Français, était une des manières de tenter de résoudre les problèmes posés par le Niveau II d'apprentissage. Pour les différencier du matériel spécifiquement fabriqué pour la classe, on accola à ces documents non prévus à l'origine pour un usage pédagogique, l'adjectif authentique.

La définition du mot authentique en didactique est beaucoup plus restrictive que dans le langage quotidien. Ordinairement, authentique s'emploie en premier lieu pour désigner «quelque chose de vrai, d'exact, qui ne peut être contesté»; on différencie ainsi un tableau authentique et sa copie; dans le domaine affectif, on qualifie d'authentiques des sentiments sincères; authentique tend aussi à identifier un mode de vie, ou d'être; il connote la vérité, la sincérité, la pureté... En dépit de la définition qui lui a été donnée, l'adjectif authentique garde, y compris en didactique, ces différentes acceptions sémantiques.

La polysémie de l'adjectif me semble en partie expliquer la mini-querelle qui se développa en didactique des langues au sujet de l'emploi ou non des documents authentiques en classe. Pour les partisans des documents authentiques, les avantages de leur utilisation étaient l'introduction en classe de fragments d'extraits de l'univers quotidien des Français, la sensibilisation des apprenants à des registres de langage diversifiés, et aux véritables emplois de la langue française. Pour que ces documents gardent leur authenticité, certains voulaient même tenter de reconstituer en classe leurs situations de communication d'origine. À ces arguments, les «adversaires» répondaient qu'une fois introduits dans un cadre pédago-gique, ces documents perdent leur label d'authenticité, et qu'il vaut mieux, dans ces conditions, se contenter de documents ad hoc conçus spéciale-ment pour la classe de langue.

Il ne suffit pas d'introduire en classe un fragment d'interview ou un article de journal pour que la communication s'établisse. Si on se limite dans des exercices de compréhension orale à un simple jeu de ques-tions / réponses, et si on utilise ce même document oral pour étudier un problème grammatical qui pourrait être abordé de la même manière à l'écrit, on peut légitimement s'interroger sur son utilité en classe. Tenter de recréer avec les apprenants la situation de communication d'origine me paraît tout aussi contestable. Pour s'en tenir au seul domaine de l'oral, on constate que l'écoute en classe d'un document n'est pas semblable à celle que l'on peut effectuer en dehors du contexte scolaire. Dans la vie quotidienne, lorsque nous écoutons un bulletin d'informations, nous pouvons nous livrer simultanément à d'autres activités; notre écoute est lacunaire et n'exige, de notre part, aucun effort d'attention particulier. L'écoute de ce même document, comme forme d'entraînement à la compréhension orale, exige des apprenants un effort de concentration auquel ils ne sont pas nécessairement enclins, et qu'il faudra souvent déclencher en le motivant. La classe est un lieu où se créent des réseaux de communication tout aussi authentiques que ceux de la vie extra-scolaire, mais différents. Vouloir restituer en situation d'apprentissage les conditions de réalisation originelles du document, sous prétexte de préserver son authenticité me paraît tout à fait irréaliste.

Avec les progrès accomplis dans l'élaboration de matériaux pédagogiques, les frontières entre documents authentiques et fabriqués sont parfois floues, ce qui rend quelque peu obsolète le débat sur l'utilisation des documents authentiques en classe. Je pense, pour reprendre l'expression de R. Galisson, que ces documents constituent d'excellents « matériaux sociaux » qui peuvent améliorer les compétences linguistiques, communicatives et culturelles des apprenants. Pour cette raison, ai-je décidé de travailler exclusivement avec des documents sonores authentiques, reposant sur des situations de communication diversifiées.

LES ENSEIGNANTS ET LES DOCUMENTS AUTHENTIQUES SONORES : UN ACCUEIL « RÉSERVÉ »

Les enseignants demeurent encore relativement réticents à l'emploi des documents sonores authentiques dans leur classe. Pour expliquer cette méfiance, ils invoquent souvent les raisons suivantes : la complexité, l'incohérence et le non-respect de la norme des productions orales.

Le premier argument vient peut-être de ce que si la compréhension globale des textes écrits est maintenant couramment pratiquée, je ne pense pas qu'une écoute globale des documents sonores — s'en tenant, par exemple, au seul repérage de leurs conditions de réalisation et d'échanges — soit aussi communément répandue. Le même enseignant qui est convaincu du bien-fondé d'une lecture non linéaire des productions écrites, reste encore persuadé consciemment ou non, me semble-t-il, que les apprenants doivent comprendre chaque groupe sonore du discours entendu. Le refus, très fréquent, de l'emploi en classe de documents où plus de deux personnes prennent la parole est de ce point de vue assez significatif. Pourtant, si on oriente l'écoute des apprenants vers le seul repérage des voix entendues, la reconnaissance des personnages, ou le relevé de mots clés, on peut en partie pallier le caractère déroutant de ce type de productions. Toutefois, les extraits de conversations familières constituent du fait de leur degré objectif de complexité un cas limite, mais les réticences observées à l'emploi des documents sonores authentiques concernent également d'autres productions orales.

J'aurai l'occasion tout au long de cet ouvrage de montrer que contrairement au second argument invoqué, l'inorganisation apparente des discours oraux masque une réelle cohérence discursive ; la troisième objection concerne le «non-respect» de la norme. Ce dernier point constitue un obstacle majeur; légitimement préoccupés par la contrainte institutionnelle des examens, les enseignants se demandent comment concilier la préparation aux épreuves et l'emploi en classe de documents si éloignés dans leurs structures des règles linguistiques habituelles.

NORME ET NORMES LANGAGIÈRES

La question de la norme, liée à celle de l'évaluation des productions langagières, ne peut être éludée. Enseigner une langue étrangère suppose qu'on puisse apprécier les réalisations des apprenants et qu'on leur donne la possibilité de juger de leurs propres capacités langagières. Je me contenterai dans cet avant-propos de quelques remarques sur ce problème. Invoquer le respect de la norme peut signifier que l'on tend à exiger des apprenants un niveau idéal qui serait celui du beau langage. La norme est alors considérée comme un jugement de valeur reposant sur une série de prescriptions à respecter et d'usages prohibés ou recherchés. On peut aussi confondre la norme avec le système grammatical d'une langue donnée. Mais les productions langagières reposent aussi sur des conventions ou normes qui régulent le choix du registre de langage, conformément à une situation de communication donnée, et permettent l'évaluation du discours tenu et de sa place par rapport à ceux d'autrui. Porter une appréciation sur le langage employé implique un entraînement à la reconnaissance des différents registres et à leur pratique. Dans cette perspective, le rôle des documents authentiques sonores me paraît fondamental.

PLAIDOYER EN FAVEUR DES DISCOURS ORAUX SPONTANÉS

Je défendrai un point de vue apparemment «paradoxal»: l'utilisation en classe de documents sonores «spontanés» facilite l'accès des apprenants aux normes langagières. De même qu'on peut les faire progresser en partant de leurs acquis et en prenant appui sur leurs erreurs langagières, je ferai également l'hypothèse qu'un discours fautif par rapport au système habituel de la langue peut être utilisé pour mieux faire comprendre le fonctionnement du français, car son étude implique:
— une réflexion sur la cohérence du discours entendu et sur les relations entre productions langagières et paramètres socio-situationnels;
— une comparaison entre ce discours et d'autres productions orales;
— une sensibilisation aux registres de langage;
— une remise en question du concept de norme au profit de celui de normes langagières.
J'affirmerai même volontiers qu'un discours aseptisé ne contenant aucune scorie et qui correspond trop bien à l'image idéale du français que l'on veut inculquer aux apprenants, les fera moins progresser qu'un discours oral spontané avec toutes les déviances qu'il peut contenir.

À L'ÉCOUTE DES DIFFÉRENCES DISCURSIVES

Faut-il pour autant identifier les productions orales avec les seuls discours de registre familier? Certes, non! Une conférence, une allocution politique, des flashes d'informations radiophoniques sont des productions orales au même titre que les propos spontanés. Tous ces discours ont leur place dans une classe de langue; on ne peut refuser à aucun d'entre eux le rôle qui est le sien dans l'ensemble des productions discursives. Mais ils ne peuvent être compris que si on les compare les uns avec les autres. De l'écoute des **différences** naît une meilleure compréhension des discours oraux. Tel est un des «paris» de cet ouvrage.

POUR QUOI CET OUVRAGE?

Je commencerai par une mise en garde: il ne sera question que des documents sonores enregistrés au magnétophone, et ne bénéficiant donc pas de la présence supplémentaire de l'image. Il peut paraître désuet de proposer une publication où il ne soit question que des seuls documents sonores. Pourtant si on s'en tient au domaine des médias, on constate que la télévision n'a pas supplanté mais complété le rôle de la radio... Il suffit d'évoquer le phénomène des « radios libres » pour s'en convaincre. En dehors de la classe, les apprenants ont donc l'occasion d'être en contact avec le seul support sonore. À travers le monde, les classes sont loin d'être toutes équipées de matériel vidéo; en revanche, les magnétophones sont d'un usage assez répandu... Enfin je ne pense pas que les réflexions sur l'analyse de l'oral et l'emploi des documents sonores en classe de langue soient si avancées qu'il soit inutile d'y revenir.

Dans cet ouvrage, je propose en premier lieu une démarche pédagogique concernant l'utilisation des documents sonores authentiques en classe de langue (cf. Première partie — DES DOCUMENTS SONORES AUTHENTIQUES EN CLASSE).

Apprendre aux autres à améliorer leur écoute, suppose que l'on s'entraîne soi-même à mieux écouter, comprendre, analyser les documents sonores que l'on sélectionne pour son enseignement. Proposer à l'usage des enseignants une méthode « d'écoute-analyse », et des synthèses sur certains traits d'oralité est mon second objectif (cf. Deuxième partie — UN APPRENTISSAGE DE L'ÉCOUTE).

Dans une troisième partie, je présente les études prépédagogiques de neuf documents sonores (cf. Troisième partie — DES ANALYSES À L'USAGE DES ENSEIGNANTS).

En annexes, deux extraits de matériel pédagogique sont une illustration de la démarche et du type d'exercices exposés en début d'ouvrage.

PREMIÈRE PARTIE

DES DOCUMENTS SONORES AUTHENTIQUES EN CLASSE

CHAPITRE 1

PROPOSITIONS DE MATÉRIEL PÉDAGOGIQUE

1.1. DES UNITÉS DIDACTIQUES
À BASE TERNAIRE

Comme vous pourrez le constater en fin d'ouvrage, chaque fiche pédagogique forme une unité didactique à base ternaire[1], composée des sous-parties suivantes:
a — Écouter pour repérer
b — Écouter pour identifier
c — Écouter pour réfléchir et produire

À travers ces trois étapes, les apprenants passent d'une compréhension «globale» des documents à une écoute orientée vers leurs spécificités linguistiques.

Pour illustrer ma démarche[2], je m'appuie sur des exemples extraits de trois ensembles pédagogiques différents. Le premier groupe qui fait l'objet d'analyses dans la deuxième partie comprend: un extrait de bulletin d'informations, un fragment d'interview radiophonique, un reportage sportif en direct, un récit, un fragment de conversation quotidienne; à ces cinq documents, j'ajoute ce que j'ai appelé des «doublets», c'est-à-dire des discours de référent similaire, donnant des informations identiques, mais existant sous les formes orale et scripturale. J'ai retenu quatre cas: une allocution politique et sa rédaction dans un quotidien du soir, un extrait de l'émission *Radioscopie* de J. Chancel et sa version scripturale dans un ouvrage du même nom, deux fragments d'une courte émission radiophonique, accompagnés de deux fiches ayant permis sa préparation et de deux extraits d'un livre réalisé à partir de cette production, et enfin un fait divers raconté dans un bulletin d'informations, et sa présentation dans deux dépêches d'agences[3]. Le deuxième groupe est constitué par un montage

---

1. J'ai emprunté cette décomposition en trois parties à B. Job: *À l'écoute de... L'information radio et la publicité* — Paris, CLE International, 1982 — où elle propose des unités décomposables en trois: Écoute / Compréhension / Réflexion-Expression.

2. Le matériel pédagogique proposé est destiné prioritairement à des apprenants de niveau moyen ou avancé. Toutefois, les unités sont conçues de manière à ce que les trois parties qui les composent puissent être également utilisées séparément. Ainsi, selon le niveau des apprenants, on peut très bien se contenter de la partie *a) Écouter pour repérer* ou n'utiliser que *b)* et *c)*.

3. Pour une étude plus détaillée de ces mêmes documents, se reporter à: Monique Lebre-Peytard, *«L'écoute-analyse» des documents sonores et leur utilisation en classe de langue*, thèse de l'Université de la Sorbonne-Nouvelle Paris III — sous la direction du Professeur R. Galisson, mars 1987.

d'interviews effectuées dans le quatrième arrondissement de Paris[1]. Un troisième groupe est formé d'interviews radiophoniques[2].

1.2. EXERCICES DES DIFFÉRENTES SOUS-PARTIES

M'inspirant des propositions faites par G. Vigner (1983)[3], je retiens pour les différents exercices les paramètres suivants: les contenus, les objectifs, les supports, les tâches à effectuer, le mode de passation et la correction[4].

1.2.1. ÉCOUTER POUR REPÉRER

1.2.1.1. L'objectif essentiel de cette première sous-partie est de favoriser un premier contact avec le document, en motivant l'écoute des apprenants.

1.2.1.2. Les contenus: compréhension des conditions de réalisation, de la situation de communication et de la thématique générale du document.

1.2.1.3. Les supports: outre la bande sonore, les apprenants disposent de documents scripturaux et/ou visuels: cartes routières, plans de villes, titres de journaux ou d'écrits circulants (tracts, prospectus...), photos situationnelles de paysages, de rues, portraits de personnages, réalisés par des amateurs ou des professionnels, clichés de presse, dessins figuratifs qui sont mis en rapport avec le contenu du document sonore.

1.2.1.4. Les tâches à effectuer. Les apprenants font les repérages requis, en effectuant un certain nombre de tâches pratiques:
— Les repérages peuvent être de différents types et donner lieu à des tâches diverses en fonction du type de repères à effectuer:
 • pour des repérages spatiaux:
  — ordonner une liste de noms de lieux présentés dans le désordre,
  — rechercher des informations sur un plan ou sur une carte;
 • pour apprécier la durée du message:
  — chronométrer l'extrait;
 • pour repérer les locuteurs:
  — rechercher le nombre de voix et les identifier (voix de femme, d'homme, d'enfant),

---

1. C. Estrade, M. Lebre-Peytard, J. Sombrin, J. Verdol: *Des Parisiens ont la parole*, BELC déc., 1984.
2. M. Lebre-Peytard: *À l'écoute de... L'entretien et de l'interview*, CLE International, 1983.
3. G. Vigner: *Les exercices en classe de langue*, Hachette, Collection F., 1983.
4. Pour chacune des unités didactiques, deux fiches sont prévues: une pour l'enseignant, une pour l'étudiant. Cf. Lebre-Peytard (1987).

— faire un choix parmi des photos ou dessins caractérisant leur physique ou leur métier ; pour l'identification de la profession on peut également faire compléter une carte de visite ;
- pour repérer la thématique d'ensemble :
— sélectionner des documents visuels ou des extraits de textes écrits comme par exemple des titres de journaux ;
- pour repérer les mots clés :
— décompter leurs occurrences ; dans le cas où plusieurs locuteurs prennent la parole, indiquer dans un tableau les prises de parole successives.

Lorsque les documents de départ sont des « doublets », il est nécessaire de prévoir, pour le document scriptural, une sous-partie « Lire pour repérer » où quelques-uns des traits spécifiques de l'écrit tels que l'organisation spatiale, le type de caractères typographiques employés, sont mis en évidence.

Ces tâches qui mettent en œuvre des facultés d'écoute, de sélection, de mise en relation, peuvent impliquer, pour être menées à bien, une observation préalable des documents visuels et écrits.

1.2.1.5. Le mode de passation des exercices et leur correction : pour motiver et orienter l'écoute des apprenants, il est conseillé de ne jamais faire écouter une première fois le document sonore sans une tâche — fût-elle minime — à effectuer. Le travail, réalisé de préférence en petits groupes, s'achève par une présentation collective des réalisations. Si le travail porte sur des « doublets », la répartition des apprenants en deux groupes, l'un disposant du document sonore et l'autre de la version écrite de l'événement, permet ensuite la confrontation des renseignements recueillis. Les consignes sont données oralement, mais chaque apprenant dispose également d'une version écrite de celles-ci.

1.2.2. ÉCOUTER POUR IDENTIFIER

1.2.2.1. Objectifs : reconnaissance des principaux faits évoqués dans le document sonore, interprétation de l'opinion des locuteurs, confrontation éventuelle des informations contenues dans des discours différents produits à l'occasion d'un même événement.

1.2.2.2. Contenus : identification de l'objet référentiel des documents, organisation de leurs principaux champs sémantiques et compréhension de leur contexte socio-culturel.

1.2.2.3. Les supports utilisés : dans cette sous-partie comme dans la précédente les apprenants disposent, en plus de l'extrait sonore, de productions écrites et/ou visuelles. La plupart sont des documents authentiques : coupures de presse, dépliants touristiques ou publicitaires, extraits de revues ou d'ouvrages historiques, romanesques, scientifiques.

Dessins au trait, photos d'amateur ou d'artiste professionnel, clichés de presse, diapositives constituent l'essentiel des documents iconiques.

1.2.2.4. Les tâches: les apprenants doivent au préalable observer les documents scripturaux et iconiques pour en dégager les différentes significations. Les autres tâches consistent principalement en une comparaison, au plan de l'analyse du contenu, entre le document sonore et les autres productions.

Si le document sonore et les autres extraits donnent une version similaire des faits évoqués, on peut proposer les tâches suivantes :
- **faire transcrire** le début et la fin de l'extrait sonore, dont le contenu est le même que celui des documents écrits et/ou iconiques ;
- **faire écouter** le document sonore, accompagné de sa transcription, et **faire souligner** sur celle-ci les passages communs aux différents documents ;
- **faire encadrer** sur la liste des documents écrits ce qui a été entendu.

Si les documents écrits et/ou visuels donnent des informations complémentaires sur l'événement ou un point de vue différent de celui présenté dans le document oral:
- **faire encadrer** les fractions de textes concernées ou les faire inscrire dans une case prévue à cet effet. Si le même cas se présente pour un document iconique, **faire indiquer** par une flèche l'information nouvelle, complétée éventuellement par un commentaire placé sous le document. Inversement, si le document sonore complète les productions écrites ou iconiques parce qu'il permet l'identification de lieux ou d'événements, donne des informations absentes des coupures de presse, permet de reconstituer un écrit effacé, ou d'imaginer une suite possible au contenu d'une documentation écrite... les tâches peuvent consister en de **mini-productions**: inscription de noms de lieux, rédaction de légendes, reconstitution de textes, écrits à compléter. La **comparaison** entre les différents types de documents conduit ainsi à un constant va-et-vient du document sonore aux extraits «annexes», qui permet de mieux comprendre toutes les significations du document oral, en le situant par rapport à d'autres productions.

L'élucidation des difficultés lexicales appartient aussi à cette étape du travail. La mise en parallèle de documents sémiotiquement différents peut aider à résoudre ce problème, qui s'effectue cependant principalement à l'aide de questions à choix multiples, de définitions à compléter et de la recherche d'antonymes et de synonymes.

1.2.2.5. Mode de passation des exercices et correction : comme pour la sous-partie précédente, un **travail collectif**, par petits groupes, et débouchant sur une confrontation de ce qui a été fait dans chacun d'eux, me semble le plus approprié. L'**observation** préalable des différents documents est l'occasion d'échanges entre apprenants. La recherche et l'approche des solutions par tâtonnements successifs est non seulement acceptable mais souhaitable, parce qu'elle implique plusieurs écoutes du document sonore qui ne peuvent qu'en améliorer la compréhension. Les apprenants disposent — comme précédemment — de deux versions des consignes, l'une écrite, l'autre orale.

1.2.3. ÉCOUTER POUR RÉFLÉCHIR ET PRODUIRE

1.2.3.1. Objectifs: réflexion des apprenants sur le fonctionnement des discours oraux, menée de pair avec des activités de production. Amélioration de leur compétence discursive, par une prise en compte des enjeux culturels et sociaux des productions présentées.

1.2.3.2. Contenus: sensibilisation des apprenants à certaines caractéristiques linguistiques des discours oraux. Les éléments principalement retenus sont les suivants:
- **parmi les traits prosodiques**: les pauses, les accents d'insistance;
- **parmi les constructions syntaxiques**:
  — celles qui sont caractéristiques d'un oral spontané (ruptures de construction, reprise du groupe sujet, constructions inachevées, constructions agrammaticales),
  — celles qui sont fréquentes à l'oral (énoncés juxtaposés, constructions segmentées, utilisation des présentatifs «c'est» et «il y a»...),
  — les phrases complexes dont la présence est, apparemment, plus surprenante à l'oral;
- **parmi les traits discursifs**, c'est-à-dire les éléments qui vont au-delà de la phrase:
  — les marques indiquant directement l'énonciateur et l'énonciataire (marques personnelles, localisateurs temporels, modalités, formes temporelles),
  — les marques d'enchaînement: système anaphorique (répétitions, anaphores lexicales, déterminants, pronoms...); étude des mots du discours, connecteurs (mais, puis, alors) ou phatèmes (ben, hein, quoi),
  — les énoncés rapportés,
  — les allusions à d'autres discours,
  — les unités macro-textuelles: découpage d'un récit en séquences; organisation conversationnelle (nombre d'échanges, marques des tours et prises de parole).

De manière plus générale, il s'agit de faire comprendre aux apprenants en quoi un discours oral est **cohérent** et pourquoi toutes les productions, même les plus quotidiennes, sont porteuses d'une **argumentation, explicite** ou **implicite**. On insiste également sur les marques dans le discours des relations existant entre le document, ses conditions de réalisation et sa situation de communication.

À cette sensibilisation succèdent des productions orales et/ou scripturales, et une réflexion sur ces réalisations.

1.2.3.3. Les tâches: je distingue des tâches de **réflexion**, de **production**, et d'**auto-évaluation**. Les tâches de réflexion peuvent supposer une **manipulation** des énoncés, ou déboucher sur une mise en tableau.

A — La manipulation peut consister à ajouter ou à supprimer un élément. Outre le document sonore d'origine, les apprenants peuvent, par exemple, avoir à leur disposition:
— un texte ne contenant ni indication de segmentation orale, ni ponctuation;
— un texte truqué différent, dans sa forme, du document sonore d'origine où on aurait effacé des éléments comme par exemple des hésitations;
— un schéma lacunaire dont la disposition spatiale révèle le fonctionnement de l'extrait sonore, et d'où ont disparu des éléments linguistiques tels que des « mots du discours », des marqueurs anaphoriques, des passages de discours rapporté, des repères temporels;
— la transcription exacte du discours original et un document sonore truqué[1].

Dans le premier exemple, les apprenants doivent, simultanément à l'écoute du document sonore qui sera bref et proche au plan syntaxique d'un discours écrit de même registre, signaler à l'aide d'un code simple (/ pour les pauses, — sous la syllabe accentuée pour les accents d'insistance) les deux éléments prosodiques désignés ci-dessus; on peut aussi leur demander de ponctuer un second exemplaire du texte, comme ils le feraient pour un travail d'édition. Ces deux tâches successives

---

1. L'idée de l'utilisation du truquage des documents sonores revient à J.-L. Malandain: *Décrire et découper la parole II. Procédures, techniques et manipulations pour faciliter l'écoute et l'exploitation des documents oraux,* Paris, BELC, juin 1982. Il y propose des activités de montage que l'enseignant peut effectuer ou faire exécuter par les apprenants. Sa démarche consiste à introduire dans la classe quelques-uns des outils mis au point par les professionnels de l'audiovisuel. Ceux-ci sont conduits à faire des montages de documents sonores, que ce soit pour les nettoyer, les raccourcir ou donner des extraits d'un discours officiel. En classe de langue, l'utilisation, évidemment simplifiée de ce type de techniques, permet la production d'un grand nombre de documents. On peut, par exemple, transformer un monologue en interview en y accolant des questions ou opérer une sélection à l'intérieur d'un discours à l'aide de quelques coups de ciseaux ou en utilisant, ce qui est moins complexe, deux magnétophones. L'opération, pour être convenablement effectuée, demande une écoute du document qui sera d'autant plus motivante qu'elle débouchera sur une réalisation concrète. Ces techniques sont également utiles pour faire comprendre aux élèves la spécificité d'un discours oral. Comment mieux faire entendre, par exemple, les mots du discours (ben, hein, quoi) ou le rôle des hésitations qu'en proposant à des apprenants ayant la transcription exacte du document, le même discours mais truqué et d'où ces éléments auraient disparu?...

permettent de faire une comparaison entre le système de la segmentation orale et celui de la ponctuation. Dans les autres cas, les apprenants doivent retrouver la forme originelle des documents entendus, en ajoutant ou supprimant des unités linguistiques. Selon leur niveau, ce travail se fera simultanément ou, ce qui est préférable, après audition du document.

Les manipulations peuvent aussi conduire à des transformations de formes linguistiques. Les apprenants disposent alors de transcriptions comportant des altérations : emploi de l'infinitif au lieu des formes temporelles réellement utilisées, présentation des sous-entendus au lieu du « dit » discursif. Le support utilisé (exemple : bulles vides empruntées au code des bandes dessinées) peut donner un caractère ludique à ce type de tâches. Selon le niveau des apprenants, deux procédures sont possibles :

    a) écoute de la bande, repérage des passages transformés et transcription de ce qui a été entendu ;
    b) reconstitution des propos, suivie d'une réécoute de la bande sonore pour confirmation.

La manipulation peut aussi consister à **réorganiser** des éléments présentés en désordre, il peut s'agir :
— de bulles à relier entre elles ;
— d'extraits écrits et/ou sonores qui sont autant de « pièces » d'un puzzle représentant différentes séquences d'un récit ;
— de répliques isolées pouvant aider à la réalisation d'une narration.

Toutes ces manipulations impliquent une **comparaison** entre le discours effectivement produit et des énoncés qui s'en distinguent au plan formel. Le relevé des **différences** existant entre les deux conduit à une meilleure connaissance de la spécificité des discours oraux.

B — La mise en tableau, tâche d'observation et d'analyse, débouche sur un classement tabulaire, dans lequel peuvent figurer :
— des unités linguistiques singulières ;
— des marques discursives : hésitations, découpage narratif, différences entre productions orale et scripturale...

Qu'ils passent par des manipulations ou des mises en tableaux, ces exercices de réflexion ne sont que des étapes intermédiaires conçues pour faciliter les productions de fin d'unité.

C — Relations entre exercices intermédiaires et productions.
Des relations existent entre ces exercices et les productions écrites et orales de fin d'unité. Elles sont différentes selon qu'il s'agit de « doublets » ou de discours oraux analysés isolément.

Dans le premier cas, les apprenants étudient, en parallèle, deux productions : l'une orale, l'autre scripturale. Les deux sont comparées ; et cette comparaison débouche sur la réalisation de deux mises en tableau, sorte de matrice discursive des deux productions. En fin d'unité, la réalisation exigée peut être écrite ou orale, mais différente par ses conditions de réalisation et sa situation de communication des documents de départ. Exemple : après avoir analysé deux versions d'une même anecdote racontée au cours d'une interview radiophonique, et réécrite dans un ouvrage portant le même titre que l'émission, les apprenants doivent à leur tour rédiger un passage d'un livre au cours duquel le journaliste raconte ses « mémoires ». Le contenu du récit ne varie pas, mais le point de vue choisi et les objectifs sont différents : il ne s'agit pas de rapporter « fidèlement » ce qui a été dit à l'émission ; on ne se place plus du côté de l'interviewé, mais de celui du réalisateur de l'émission. La démarche adoptée peut être schématisée de la manière suivante :

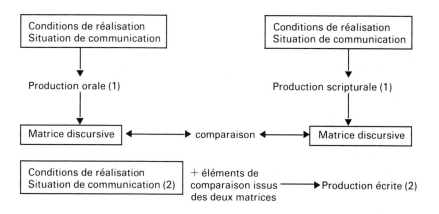

Dans le second cas, les apprenants ne disposent, à l'origine, que d'un discours oral. En fin d'unité, ils doivent réaliser une production orale ou scripturale. Les procédures varient sensiblement selon qu'il s'agit de l'une ou l'autre de ces catégories.

Exemple : En analysant une anecdote orale, les apprenants en dégagent la matrice discursive. On leur demande de produire un autre récit racontant un événement différent ou de présenter le même incident, mais narré par un autre personnage.

La démarche adoptée sera la suivante :

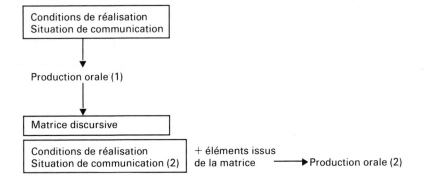

À partir de la même anecdote orale, on peut suggérer aux apprenants la réalisation d'une production écrite, comme par exemple la rédaction d'une carte postale où l'incident est rapporté de manière humoristique. Dans ce cas, la matrice discursive du récit est insuffisante, il faut y ajouter des consignes particulières portant sur le problème du transcodage oral/écrit.

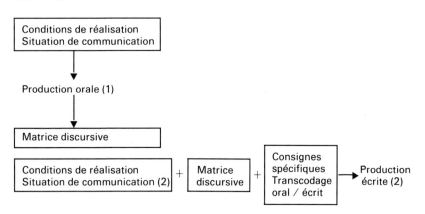

Dans les cas précédents, les exercices permettent d'analyser l'organisation de tout le discours de départ mais ils peuvent également servir à une réflexion sur des caractéristiques linguistiques singulières (constructions segmentées, présentatifs...); je donnerai trois exemples de relations existant entre les exercices de réflexion et les tâches de production demandées aux apprenants :

1 Ponctuation, prosodie et rédaction des titres de la une d'un journal.
2 Étude de « on » et réalisation d'un récit radiophonique.
3 Présentatifs « c'est » et « il y a » et description d'un tableau.

En 1, sur deux exemples d'une transcription d'un flash radiophonique, les étudiants doivent faire figurer, sur l'un les arrêts de la voix et les accents d'insistance, sur l'autre la ponctuation. La production demandée en fin d'unité consiste à rédiger des titres et à les disposer en respectant les normes de mise en pages d'un quotidien.

Les apprenants connaissent le contenu des informations parce qu'ils ont déjà regroupé ces informations à l'intérieur de différentes rubriques (dans la sous-partie « Écouter pour identifier »). Ce travail suppose évidemment des savoir-faire qui vont bien au-delà de l'opposition ponctuation/prosodie : la connaissance de la mise en pages de la une d'un quotidien ; un choix parmi différents journaux ; une hiérarchisation des informations qui peut respecter ou non celle proposée dans le flash ; une sensibilisation aux codes typographiques ; la rédaction de titres de journaux. La réalisation implique des transformations syntaxiques minimes si les apprenants optent pour un quotidien dont le registre de langage est similaire à celui du bulletin d'informations, mais importantes s'ils choisissent un journal de style différent. Toutefois, parmi les problèmes à résoudre, figure celui des différences entre la prosodie de l'oral et l'utilisation de la dimension spatiale dans l'ordre du scriptural étudié dans les exercices de type métalinguistique.

Dans la troisième séquence du montage sonore réalisé pour *Des Parisiens ont la parole* plusieurs exercices portent sur les valeurs de « on » dans le récit d'une des personnes interviewées. Cette réflexion permet de montrer que « on » est utilisé pour représenter différents personnages qui ne sont pas cités directement par le locuteur. En fin d'unité, les apprenants doivent réaliser un récit radiophonique et un article de journal. Ces deux productions supposent différentes transformations dont la dénomination des différents acteurs du récit, tâche facilitée par l'étude du pronom « on ».

Dans la quatrième séquence du même ensemble pédagogique, les apprenants travaillent sur le fonctionnement des présentatifs « c'est » et « il y a ». Dans une des productions de fin d'unité, la classe est divisée en deux groupes, et l'exercice consiste à décrire au groupe adverse — qui doit deviner quel est le document présenté — une reproduction de la place des Vosges choisie parmi plusieurs versions de ce même lieu. Cette description qui suppose une observation du document retenu et un choix d'éléments, peut être l'occasion d'un réemploi des présentatifs.

Dans la sous-partie « Écouter pour réfléchir et produire » les exercices de réflexion sont donc placés entre deux productions langagières : le document d'origine et celle des apprenants.

D — Les différentes productions.

Les productions orales se font toutes à partir d'un document déclencheur d'expression, qui peut être sonore, visuel, ou pluricodé (écrit et visuel). Je donnerai un exemple de production réalisée à partir d'un **document visuel**. Dans la séquence I de *Des Parisiens ont la parole* dont le thème est l'attentat de la rue des Rosiers d'août 1982, on fait observer en fin d'unité une photo de presse représentant un affrontement entre policiers et manifestants. Le cliché tient lieu d'événement ; un apprenant qui joue le rôle de témoin téléphone à une station de radio pour raconter l'incident. L'appel téléphonique du témoin et la réponse du journaliste sont enregistrés.

Parmi les productions réalisées à partir de **documents écrits** je citerai ces trois cas : le premier consiste à réaliser un court bulletin radiophonique à partir d'une dépêche d'agence, tâche précédée dans les sous-parties précédentes par la comparaison d'un « doublet » oral-écrit portant sur un fait divers raconté à la radio, et sa présentation dans deux dépêches d'agence ; le second est la réalisation d'un débat sur un thème proche ou complétant celui évoqué dans le document sonore. Un débat est proposé, après l'étude d'un fragment d'interview au cours duquel un loueur de skis donne son opinion sur la transformation de son village de montagne en station de ski. Chaque participant au débat (journaliste, paysans, personnalités locales, représentants de la société chargée de l'aménagement du site, architecte) reçoit une carte sur laquelle figurent des renseignements sur chacune des personnes dont il tient le rôle, ainsi que les principaux arguments à verser dans la discussion. En utilisant des extraits de presse, on peut également faire enregistrer un bulletin météo ou, à partir d'une matrice, faire réaliser des messages pour des répondeurs téléphoniques.

On peut également employer le **document sonore** d'origine. Ainsi dans une fiche pédagogique conçue pour l'exploitation de la retransmission radiophonique en direct d'un événement sportif, les apprenants doivent simuler l'arrivée d'une course cycliste, en réutilisant les constructions linguistiques les plus caractéristiques du document d'origine. Les productions peuvent aussi reposer sur une transformation du document original ; par exemple : faire transformer une interview en bulletin d'informations dans lequel on insère des extraits du document original ; prolonger la présentation d'un fait divers radiophonique par la simulation des réactions de témoins de l'incident imaginées à l'aide de coupures de presse. Inversement, on peut faire retrouver dans un montage sonore, les interviews d'origine. Dans la dernière séquence de *Des Parisiens ont la parole*, les apprenants doivent reconstituer les interviews qui ont servi à la fabrication du matériel pédagogique, en imaginant les questions posées aux différents habitants. Il est également possible de réduire un document sonore pour présenter des extraits d'émission.

Les **productions écrites** appartiennent :
— aux médias : une de quotidiens, articles de journaux, dépêches, extraits de livre se rapportant à une émission ou rédaction d'encarts sur des films pour une revue spécialisée...
— à la vie sociale : rédaction de lettres, cartes postales... Très souvent, elles relatent **le même événement** que le document sonore d'origine. Elles impliquent un transcodage c'est-à-dire le passage d'une **compétence discursive orale** à une **compétence discursive écrite** ou vice versa.

E — Le travail à partir des réalisations des apprenants.

Je me contenterai de quelques suggestions. J'ai signalé à plusieurs reprises l'utilité d'un enregistrement des productions orales des apprenants. Cette tâche peut être inhérente à la production orale attendue (exemple : simulation d'un bulletin d'informations) mais lorsque celle-ci est une discussion sur un thème donné, l'enregistrement n'est pas nécessairement impliqué par la situation de communication. Son existence permet toutefois de conserver une trace des productions réalisées, qui peut servir de point de départ pour des échanges dans la classe. Ceux-ci peuvent porter — s'il s'agit de l'enregistrement d'un débat — sur l'objet de ce qui a été débattu, et/ou sur l'organisation linguistique des discours produits. On peut alors faire pratiquer des exercices de conceptualisation, qui font réfléchir les apprenants sur le fonctionnement de leurs propres productions langagières.

CHAPITRE 2

CARACTÉRISTIQUES DE LA DÉMARCHE PÉDAGOGIQUE

2.1. OBJECTIFS D'APPRENTISSAGE

Le matériel pédagogique présenté ci-dessus repose sur une démarche dont les objectifs sont les suivants :
1 — Amélioration de la **compréhension orale** des apprenants.
2 — Perfectionnement de leur **compétence discursive**.
3 — Développement de leurs **productions langagières orales et écrites**.

2.2 COMPRÉHENSION / PRODUCTION ET DOCUMENTS SONORES

Je pose comme hypothèse qu'une amélioration de la compréhension orale des apprenants facilitera leurs productions langagières. Certes, comme le rappelle R. Galisson (1980, p. 93) « la compétence de compréhension s'acquiert plus vite que la compétence d'expression » et dans certaines situations d'apprentissage (amélioration de la compréhension écrite dans le cas d'adultes désirant perfectionner leur acquis pour des besoins spécifiques concernant leurs activités professionnelles), la compétence recherchée est exclusivement de compréhension. Pourtant un décalage dans les apprentissages ne signifie pas qu'on doive dissocier complètement ces deux activités. S. Moirand (1979, p. 94) insistait déjà — dans le domaine de l'écrit — sur le fait que « la pédagogie de l'expression écrite en langue étrangère nous paraît (...) devoir intervenir secondairement à la compréhension (chronologiquement) mais en étroite relation avec elle ». M. Dabène (1985) relie également dans les compétences scripturales les sphères de la réception (lecture) et de la production (écriture).

Cette conception d'une compréhension / production des documents sonores authentiques explique le découpage ternaire des unités didactiques présentées qui, par un affinement progressif de l'écoute, conduit les apprenants de la reconnaissance des caractéristiques les plus générales des documents à une sensibilisation à la spécificité des discours oraux, qui va de pair avec une amélioration des productions langagières.

2.3. RÉFLEXION SUR LA SPÉCIFICITÉ LINGUISTIQUE DES DISCOURS ORAUX

La compréhension orale passe par des activités cognitives portant sur le fonctionnement linguistique des discours oraux. La réflexion d'ordre métalinguistique, loin d'être un frein au développement de la communication, peut la favoriser. Ces affirmations vont un peu à contre-courant de certaines hypothèses sur lesquelles s'est construite la DLE ces dernières années et qui tendent à opposer **compétence linguistique** et **compétence de communication**. Certes dans l'approche communicative en réaction contre le skinnerisme des méthodes audio-orales, on a insisté sur le rôle des activités cognitives des apprenants et l'importance de la réflexion dans l'enseignement des langues étrangères. Mais parallèlement, en opposition avec un apprentissage centré essentiellement sur l'étude de structures linguistiques apprises en dehors de tout contexte, les didacticiens ont insisté sur l'importance de la compétence de communication. Pour l'acquérir, les apprenants doivent être en mesure de replacer les échanges langagiers dans leurs conditions de réalisation et leur situation de communication, d'apprécier les intentions des locuteurs, et de comprendre que tout acte de communication obéit à des règles sociales qui, bien que susceptibles d'une description systématique, ne sont pas du ressort du seul langage. Aussi ce concept défini par D. Hymes (1972) a-t-il été opposé à ce qu'on appelle la compétence linguistique entendue au sens strict de règles formelles à acquérir. En fait, si l'on admet, à la suite de R. Jakobson et E. Benveniste, que le langage **est** communication (il contient en lui des unités permettant non seulement de transmettre des informations, mais de signaler que la communication est en train de se dérouler, et qui renvoient non pas à l'énoncé produit mais à l'acte de communication lui-même), l'opposition entre compétence de communication et compétence linguistique perd de sa validité et conduit à admettre que la compétence de communication ne s'oppose pas à la compétence linguistique, mais que cette dernière n'en est qu'une des composantes.

Toutefois, dans les exercices impliquant une réflexion linguistique que je propose, les formes retenues ne sont jamais étudiées isolément mais servent à expliquer le fonctionnement du discours oral de départ et à faciliter une production ultérieure. En attirant l'attention des apprenants sur le fonctionnement discursif des documents sonores, on leur permet de dépasser le seul contenu référentiel des extraits entendus et on part du principe que toute communication quotidienne contient sa part d'opacité et de polysémie.

2.4. LE RÔLE DES «DOUBLETS»

À plusieurs reprises, le travail porte sur la comparaison de discours oraux et scripturaux ayant un objet référentiel similaire: les «doublets».

Cet intérêt s'explique par des raisons d'ordre théorique et pédagogique. Un des moyens de dégager les spécificités de l'oral vis-à-vis du scriptural est la comparaison de discours où la similarité informative laisse apparaître le plus aisément les composants linguistiques des deux discours. Semblables au plan des informations transmises, ces productions diffèrent dans la manière de les transmettre, c'est-à-dire au niveau de leur énonciation.

Que ce soit dans la vie professionnelle ou dans un contexte scolaire, le passage de l'oral au scriptural ou le choix successif de l'un des deux est fréquent : la transmission d'informations radiophoniques, la publication dans la presse écrite d'allocutions officielles, la présentation d'interviews, la rédaction pour un journal de « papiers » comportant l'insertion de propos enregistrés, la mise au point du Journal officiel, la rédaction d'autobiographies de personnalités (ce qu'on appelle communément « la littérature de magnétophone ») font appel à cette compétence. Dans la classe, de nombreux travaux peuvent également reposer sur cette transformation : prise de notes, exposés oraux, comptes rendus écrits, rédaction d'articles à partir d'émissions radiodiffusées...

En proposant ces comparaisons, je ne réinstaure pas une priorité de l'oral par rapport au scriptural. Le transcodage d'un ordre de discours à l'autre ne signifie pas que l'on va traduire un discours oral en discours écrit ou vice versa, ni que l'on va transposer les structures de l'écrit sur celles du document sonore. Le transcodage repose sur des transformations discursives que j'aurai l'occasion de commenter dans la troisième partie. Les discours originels — oraux et scripturaux — sont d'ailleurs replacés dans leurs conditions de réalisation et situation de communication spécifiques et les réalisations exigées des apprenants sont des productions langagières mises en situation.

De manière générale, je pense que la comparaison de discours sémiotiquement différents, permet de les **situer** les uns par rapport aux autres et de mieux comprendre la **spécificité** de chacun d'entre eux. Ainsi pour aider à la compréhension du document sonore d'origine, je propose également l'utilisation de documents visuels.

2.5. DOCUMENTS SONORES ET UNIVERS SÉMIOTIQUE

L'emploi de matériaux iconiques pour faciliter le décodage d'un document sonore n'a rien d'original en soi. Il est à la base de tout enseignement de type audio-visuel. Aussi est-il nécessaire que j'explique les raisons de cette proposition. Dans les premières méthodes audio-visuelles, l'image est utilisée pour, en quelque sorte, traduire le document sonore présenté; les systèmes linguistique et iconique sont tenus pour équivalents et on pense pouvoir transposer terme à terme le signifié de l'un dans celui de l'autre; on pense néanmoins que, contrairement aux langues, l'image peut imiter le réel, être analogue au référent qu'elle représente, et qu'elle possède une signification universelle immédiatement perceptible par tous. Les analyses sémiologiques de l'image ont, depuis, démontré la fausseté de ces évidences. Le code iconique a un fonctionnement spécifique, l'image — même la plus figurative — n'est pas analogue à la réalité. Comme les différentes langues, mais à l'intérieur du système qui leur est propre, les images suscitent des constructions référentielles, qui ne sont pas identiques selon les cultures. Aussi à partir des années 70, les images des méthodes sont-elles dites situationnelles et visent non plus à attirer l'attention des apprenants sur les éléments linguistiques mais sur «les gestes et les éléments qui permettent d'appréhender globalement la situation». (R. Porquier et R. Vivès, 1974, p. 113).

Les images que j'utilise sont de nature diverse, mais ont en commun d'être fixes; aussi jouent-elles, à l'inverse des textes publicitaires analysés par R. Barthes, un rôle d'ancrage. Elles orientent, en quelque sorte, les significations du document sonore. Par exemple, dans la séquence I de *Des Parisiens ont la parole* les clichés de presse concernant l'attentat de la rue des Rosiers représentent différents épisodes de cette tragédie, et une photo amateur facilite la localisation de l'événement. Ce rôle dans l'identification référentielle des faits évoqués dans le document sonore ne constitue cependant pas, selon moi, l'essentiel de leur apport. Dans le cas du fait divers cité ci-dessus, documents sonores et visuels présentent des versions complémentaires du drame. Cette complémentarité donne aux apprenants des points de vue différents qui ont chacun leur spécificité. Ils permettent de reconstituer ce que J. Peytard (1979, p. 52) appelle parcours «intra-codique», parce que s'ils permettent d'entrer en contact avec un même événement, ils sont constitués de codes différents.

Images et document sonore sont polysémiques. L'exploration du réseau connotatif des images employées complète celui du document sonore: leur contenu culturel aide à situer le discours oral dans le contexte social qui est le sien; leur observation permet ainsi de dévoiler les implicites culturels des discours entendus. Certes les images proposées peuvent parfois intriguer des apprenants étrangers déjà déroutés par un document sonore dont le contenu linguistique ne leur est pas familier. Une observation préalable est donc nécessaire, qui peut susciter des échanges et des discussions susceptibles de provoquer une meilleure «écoute» du document sonore.

2.6. EXERCICES, ACTIVITÉS
ET THÉORIES D'APPRENTISSAGE

Parmi les tâches effectuées par les apprenants, on distingue les exercices et les activités. D. Coste et R. Galisson (1976, p. 102) rappellent que dans les méthodes audio-visuelles des années 75, on distingue des exercices systématiques comme les exercices structuraux, et d'autres moins formels : ceux de réemploi ou d'exploitation; dans ce dictionnaire, le terme « activités » apparaît à l'entrée « méthodes actives », lesquelles supposent une pédagogie faite « d'initiative personnelle, de créativité et de découverte ». On retrouve ces mêmes principes dans les méthodes pédagogiques reposant sur des pratiques communicatives.

Comme l'ont souligné H. Besse et R. Porquier (1984, p. 120) et G. Vigner (1984, p. 14), l'exercice se marque par son caractère réitératif et systématique. Du point de vue des théories de l'apprentissage, l'exercice en DLE tend à se rapprocher du skinnerisme et les activités des théories cognitives de type piagétien.

En ce qui me concerne, j'ai gardé dans les différents matériaux pédagogiques que j'ai réalisés la dénomination d'exercices. Je me suis efforcée cependant de les définir en précisant leurs objectifs et le type de tâches y afférant. En effet, comme le souligne G. Vigner (1984, p. 13), « il n'existe pas de pratique neutre de l'exercice. Celui-ci fait nécessairement référence, sans que cela soit la plupart du temps explicité, à une problématique qui porte tout à la fois sur la théorie linguistique que l'on se propose d'appliquer, sur la théorie d'apprentissage et le mode d'apprentissage que l'on compte mettre en œuvre, sur le mode de relation pédagogique, que par l'exercice, on compte instituer dans la classe ».

Toutefois, rapprocher la démarche pédagogique présentée des problèmes posés par les théories de l'apprentissage, m'entraînerait au-delà des objectifs de cet ouvrage. Je me bornerai donc à signaler, de manière allusive, les relations entre mes propositions et les problèmes posés par l'apprentissage des langues. Au béhaviourisme de Skinner, N. Chomsky a répondu, en soulignant le rôle primordial dans le comportement linguistique de l'activité du locuteur : « Le comportement linguistique courant implique de façon caractéristique la création, la formation de phrases nouvelles et de modèles nouveaux, conformément à des règles extrêmement abstraites et complexes. » Cette activité langagière repose sur l'existence d'un modèle abstrait qui ne fonctionne que comme révélateur de concepts innés. Tout homme parle grâce au programme génétique qui le régit; le milieu ambiant n'a pas d'influence sur son activité de locution. Cette non-prise en compte du milieu socio-culturel conduit à une neutralisation de l'énoncé. Dans cette perspective, il n'existe aucune différence entre productions orales et scripturales, ce qui rend difficilement compatible cette conception avec une didactique de l'utilisation des documents sonores authentiques en classe.

Chez J. Piaget, comme chez N. Chomsky, l'accent est mis sur l'activité du sujet parlant. Mais à la différence de l'innéisme chomskyen, J. Piaget montre, à travers de multiples expériences, que l'enfant forme son intelligence par étapes structurellement construites. Celui-ci assimile le réel, mais l'accommodation au monde extérieur modifie ce schéma antérieur. Cette assimilation-accommodation résulte non pas d'une lecture des propriétés des objets, mais d'une action exercée sur eux qui enrichit la réalité physique, permet de la dépasser progressivement pour construire des schémas. Cette conception induit une pédagogie de la découverte. Les propositions que je fais d'une réflexion active sur les productions perçues, le refus d'aborder les formes grammaticales en dehors de leur fonctionnement dans le discours, la volonté de faire découvrir aux apprenants la dimension polysémique des discours perçus, le recours à des exercices admettant plusieurs types de réponses, l'effort pour replacer les productions dans leur contexte socio-culturel, induisent des tâches telles que l'observation, le classement, la restructuration, qui suscitent un effort de recherche et de création de la part des apprenants. Mettre l'accent aussi bien chez ces derniers que chez les enseignants sur une «écoute-analyse» des documents sonores entraîne un rôle actif du récepteur. Aussi les quelques propositions pédagogiques que je fais ne me semblent-elles pas en contradiction avec les théories de l'apprentissage se réclamant du cognitivisme.

2.7. MATÉRIEL PÉDAGOGIQUE ET «ÉCOUTE-ANALYSE»

Le matériel et la démarche pédagogiques proposés supposent une analyse préalable; on ne peut créer de matériel pédagogique pour l'utilisation des documents sonores authentiques en classe sans s'être doté d'une démarche d'analyse permettant de mieux écouter. J'ai qualifié ces analyses de prépédagogiques parce qu'elles ont pour objectif non pas une étude linguistique des documents sonores pour eux-mêmes, mais parce qu'elles visent une amélioration de la **pédagogie des documents sonores** en classe. Cet objectif les différencie très fortement des analyses linguistiques stricto sensu des documents sonores. La cohérence de la démarche qui va être présentée dans le chapitre suivant vient de ce qu'elle est destinée à donner aux enseignants une méthode d'analyse transférable sur les documents qu'ils choisiront eux-mêmes, en fonction de leur propre situation d'enseignement. Les études préalables présentées ne permettent pas de résoudre l'ensemble des problèmes posés par l'utilisation de ces documents en classe de langue. Elles peuvent cependant aider les enseignants à **inventer des procédures** permettant de faire découvrir aux apprenants le fonctionnement linguistique des discours oraux.

CHAPITRE 1

PROPOSITIONS POUR UNE DÉMARCHE « D'ÉCOUTE-ANALYSE » DES DOCUMENTS SONORES

Je présente dans ce chapitre les fondements d'une démarche « d'écoute-analyse » des discours oraux. Ainsi que je l'ai rappelé ci-dessus, il me semble en effet indispensable, avant d'utiliser ces documents en classe, de se doter d'un appareil conceptuel permettant de mieux les comprendre.

1.1. FRANÇAIS PARLÉ, FRANÇAIS ÉCRIT ET OPPOSITION ORAL/SCRIPTURAL

Je rappellerai tout d'abord ce qui distingue fondamentalement **oral** et **scriptural**. Si bulletins d'informations, reportages sportifs radiodiffusés, annonces publicitaires, échanges téléphoniques, conférences, conversations, etc. sont des messages oraux qui ont une organisation discursive différente, ils possèdent néanmoins en commun des **traits d'oralité** qui les distinguent fondamentalement des discours écrits. L'oral se définit comme « un message produit par un enchaînement de phonèmes et perçu auditivement », le scriptural comme « un message produit par enchaînement de graphèmes et perçu visuellement » (Peytard, 1971). L'oral suppose l'utilisation conjointe d'unités segmentales et de traits prosodiques ; sa linéarité empêche, sauf dans les cas où la parole est enregistrée, tout effacement de ce qui a été dit et tout retour en arrière ; au cours d'un échange oral, l'attitude des locuteurs, leurs mimiques et leurs gestes, apparaissent simultanément à la prise de parole et en complémentarité avec le verbal. Par ailleurs, certains éléments de l'environnement référentiel commun aux locuteurs (lieu et temps de l'échange, objets...) peuvent ne pas figurer explicitement dans le discours. Ainsi dans l'exemple suivant extrait d'une conversation entre un vendeur sur un marché et un de ses clients « *ça ça ne bouge pas mais ça ça devient rouge* » [1] les référents de « *ça* » ne sont pas précisés parce que les objets (les pull-overs) sont sous les yeux des deux interlocuteurs. Dans le domaine du scriptural, l'absence de traits prosodiques est, en partie, compensée par la ponctuation qui permet d'isoler les unités d'un discours, mais la segmentation de l'écrit et celle opérée à l'oral par l'utilisation de traits prosodiques (en particulier les pauses) ne sont pas équivalentes. L'écrit, en outre, bénéficie de la

---

1. Cf. *L'oral spontané*, recueil de documents sonores spontanés. J. Croisy, J. Girardet, S. Leveau, S. Correa-Guttierez, R. Wyborski, BELC, 1980.

dimension spatiale, inexistante à l'oral. Je préfère l'opposition oral vs scriptural à celle de **français parlé** vs **français écrit**. Cette deuxième formulation tend en effet à assimiler l'oral à un **registre de langage**, marqué par une syntaxe relâchée, et à en faire le synonyme de français populaire. Certes, comme j'ai eu l'occasion de le rappeler en introduction, l'emploi d'extraits d'oral spontané est tout à fait conseillé en classe. Il convient toutefois de ne pas méconnaître la diversité des productions orales : une conférence et une conversation spontanée relèvent toutes deux de l'oralité. L'opposition oral vs scriptural rend compte des différences en quelque sorte physiologiques et matérielles existant entre les deux ordres langagiers. Cette distinction fondamentale, ne saurait toutefois masquer la diversité des productions orales et l'influence des **facteurs situationnels** dans l'élaboration des discours.

1.2. FACTEURS SITUATIONNELS ET ÉLABORATION DES DISCOURS ORAUX

Ces facteurs sont parfois définis à partir de paramètres hétérogènes. Par exemple, dans un extrait de conversation, on peut faire figurer : la qualité de l'enregistrement, les chevauchements dans les prises de parole, les bruits, les modes d'adresse... Une telle énumération tend à placer sur le même plan des éléments qui, sans doute, retiennent simultanément l'attention des auditeurs mais que l'analyse doit disjoindre. Parmi les facteurs situationnels, je distingue pour ma part trois niveaux différents : les **conditions de réalisation**, la **situation de communication,** c'est-à-dire les caractéristiques de l'échange verbal et la situation créée par le discours lui-même, et ses composants linguistiques que j'appelle **situation d'énonciation.**

1.3. CONDITIONS DE RÉALISATION, SITUATION DE COMMUNICATION ET SITUATION D'ÉNONCIATION

1.3.1. CONDITIONS DE RÉALISATION VS SITUATION DE COMMUNICATION

Les facteurs situationnels que je fais entrer dans les conditions de réalisation sont les suivants :
- **la réalisation technique du document**
  — sa durée
  — sa qualité
  — l'utilisation ou non d'un support écrit préalable
  — le rôle du micro : le document a-t-il été conçu «à micro caché» ou «à micro découvert» ?
  — le caractère professionnel ou amateur de la réalisation ;

- **sa localisation**
  — nom de la cité ou de la région
  — lieu de réalisation (studio, intérieur, plein air, etc.);
- **sa date**
- **son contexte de réalisation**
  — événement d'ordre $\begin{cases} \text{familial?} \\ \text{professionnel?} \\ \text{politique?} \end{cases}$
- **ses référents socioculturels**
  — les locuteurs (sexe, âge et profession)
  — leurs relations (familiales, professionnelles et/ou amicales, la présence ou non de rapports hiérarchiques entre eux).

Dans la situation de communication j'envisage tour à tour:
- **les contacts** entre le ou les locuteurs et ceux auxquels ils s'adressent: sont-ils proches ou éloignés les uns des autres? Le contact entre eux est-il immédiat ou différé?
- **les caractéristiques formelles de l'échange**
  — s'agit-il d'une communication isolée ou incluse dans un acte plus large (exemple: interview ou conversation téléphonique retransmise à la radio)?
  — l'interlocuteur est-il unique ou multiple?
- **les échanges entre plusieurs personnes**
  — quel est le nombre des participants?
  — peut-on dénombrer les prises et les tours de parole?
  — la communication repose-t-elle sur un rituel précis?
- **le thème**
  — est-il ou non explicitement donné?
  — est-il de référence concrète ou abstraite?
  — retrace-t-il un événement?
- **les finalités**
  — s'agit-il de la transmission d'un «savoir», pédagogique ou autre?
  — le locuteur s'efforce-t-il de convaincre ou non ses interlocuteurs?
  — échangent-ils des propos sans objectif défini?

1.3.2. SITUATION DE COMMUNICATION VS SITUATION D'ÉNONCIATION[1]

Dans l'extrait de conversation présenté p. 96 le même locuteur (un petit garçon) est désigné successivement par les autres participants à l'aide de «*tu*», «*il*» et «*on*». Il n'y a donc pas isomorphisme entre l'existence du

---

1. Les différents composants linguistiques de cette entrée ont été exposés dans la partie précédente et on les retrouve dans le modèle de fiche signalétique présenté en annexes.

locuteur et les unités linguistiques qui s'y rapportent. Le discours en tant que tel constitue une situation dont il faut savoir dégager les composantes. Une même situation de communication (exemple : un reportage sportif retransmis en direct) peut donner lieu à différents discours. Il est donc nécessaire de distinguer l'échange verbal et ses caractéristiques, autrement dit la situation de communication de l'instance d'élaboration du discours à laquelle je réserve le nom de situation d'énonciation.

Parallèlement à la distinction situation de communication vs situation d'énonciation, il est important de différencier le **locuteur** et l'**interlocuteur** des pôles **énonciateur** et **énonciataire**. Par exemple, dans cet extrait de l'interview d'un responsable CGT réalisée après mai 1981 et portant sur les problèmes de l'emploi et la réduction du temps de travail : « *euh j'ajoute d'ailleurs que pour ce qui concerne la CGT on ne signera pas/l'accord euh à trente-neuf heures tel qu'il a été signé* », l'embrayeur «*j'*» dans «*j'ajoute*» renvoie uniquement au syndicaliste interviewé : dans ce cas, il y a fusion du locuteur et de l'énonciateur, en revanche «*on*» désigne simultanément le locuteur-énonciateur c'est-à-dire l'interviewé et un énonciateur collectif : la CGT L'énoncé « *en ce qui concerne la CGT / on ne signera pas* » s'adresse à un interlocuteur énonciataire présent au moment de la prise de parole : l'interviewer que le locuteur-énonciateur tente de convaincre — ce qu'indique, entre autres marques, l'accent d'insistance sur «*pas*» — mais il s'adresse également à des énonciataires absents : les étudiants pour qui l'interview est réalisée et, indirectement, d'autres syndicalistes (en l'occurrence la CFDT) signataires de l'accord ; ils ne sont pas interpellés explicitement, mais leur présence en tant qu'énonciataires du discours est signalée par l'emploi de « *en ce qui me concerne* » et par l'assertion négative «*signera pas*» prononcée en réponse à une assertion affirmative implicite. À un seul locuteur, et un seul interlocuteur, peuvent donc répondre au niveau de l'élaboration du discours, plusieurs énonciateurs et énonciataires. Pour cette raison, il est donc nécessaire de poser le dédoublement locuteur vs énonciateur, et interlocuteur vs énonciataire.

Les trois instances présentées ci-dessus ne sont pas cloisonnées ; les conditions de réalisation influent sur la situation de communication. Par exemple, dans le cas d'un document enregistré à micro caché, les locuteurs sont placés dans un type de communication qui n'est pas perturbé par la présence de l'interviewer. Les **composants linguistiques** utilisés au cours de l'élaboration d'un discours sont à la mesure des enjeux d'une situation de communication. Dans l'énoncé suivant extrait de l'interview citée ci-dessus : « *la revendication la plus pressante c'est en particulier l'emploi / ça ça ce nous en faisons une / une question de principe hein* », la construction segmentée avec l'extraction du G.N. « *la revendication* » et le rôle anaphorique de «*c'*» dans «*c'est en particulier l'emploi*» donnent à l'énoncé une force **illocutoire** qui permet de mieux comprendre le sens d'une situation de communication au cours de laquelle l'interviewé s'efforce de convaincre l'interviewer du bien-fondé des positions de son syndicat. Inversement, l'origine socio-culturelle des locuteurs, l'attitude adoptée au cours d'un échange langagier influent sur l'élaboration du discours.

Aussi, s'il me paraît nécessaire de distinguer ces trois instances, me semble-t-il tout aussi important d'accorder une attention particulière aux éléments linguistiques qui signalent leurs **relations** et qui dévoilent l'influence des conditions de réalisation et de la situation de communication sur la **production d'un discours.**

1.4. ÉNONCIATION ET ANALYSE
DES DISCOURS ORAUX

La distinction entre ces trois niveaux me conduit à expliquer l'usage que je fais du concept d'**énonciation**. Je pars d'une définition extensive empruntée partiellement à E. Benveniste (1970, p. 12) et je considère, en premier lieu, l'énonciation comme la «mise en fonctionnement» de la langue, identifiant l'énonciation avec **l'élaboration linguistique d'un discours.** M'appuyant ensuite sur une autre définition proposée par E. Benveniste (1970, p. 13) «l'énonciation concerne l'acte même de produire un énoncé» et par R. Jakobson (1957, p. 176) «il faut distinguer entre l'énonciation elle-même et son objet la matière énoncée», j'oppose le **produit** de l'élaboration du discours à son **acte** d'élaboration, opposition généralement adoptée par tous les linguistes qui se réclament des théories de l'énonciation. On la retrouve aussi bien chez les logiciens travaillant dans l'optique d'une **pragmatique** du langage comme Recanati (1979, p. 25), «on distingue dans un énoncé ce qui est dit et le fait de le dire» ou O. Ducrot (1980, p. 40), «l'idée fondamentale, je le répète, est que tout énoncé fût-il en apparence tout à fait objectif ("la terre est ronde"), fait allusion à son énonciation», que chez un linguiste comme A. Culioli préoccupé principalement par la recherche des opérations sous-jacentes à l'acte d'énonciation. Les repérages qu'il fait de l'énoncé par rapport à la situation d'énonciation le conduisent en effet à envisager un dédoublement entre S (sujet de l'énonciation), S (sujet de l'énoncé), T (temps de l'énonciation) et T (temps de l'énoncé). Cette distinction entre énoncé et énonciation est à mon avis fondamentale pour la **compréhension des discours oraux.** En effet, ce clivage implique que le langage n'est pas uniquement représentatif ou informationnel mais qu'il contient en son sein des éléments sui-référentiels renvoyant non pas au contenu du discours mais à son élaboration: «dès qu'on parle, on parle de sa parole» (O. Ducrot, 1980, p. 40).

En conséquence, cette conception du langage entraîne une réhabilitation de phénomènes envisagés soit comme des ratés, comme les hésitations, ou certaines formes de constructions segmentées, soit tenus pour marginaux comme les «mots du discours» dont le rôle est indispensable pour l'interprétation des discours oraux. Aussi dans les activités de compréhension orale mises en place pour les apprenants, ne peut-on se limiter à la seule reconnaissance des informations transmises par les productions orales; il est indispensable de les sensibiliser également à leur acte d'élaboration et à leurs composants linguistiques. Le contenu des exercices présentés dans la partie «Écouter pour réfléchir et produire» s'explique par le rôle central accordé à l'énonciation dans les concepts d'analyse de la démarche méthodologique présentée.

1.5. ANALYSE PRAGMATIQUE DES DISCOURS ORAUX

Comprendre un discours oral c'est aussi percevoir, à travers l'échange langagier, les rapports entretenus par les locuteurs/énonciateurs et ses interlocuteurs/énonciataires, le pouvoir du discours sur celui qui le reçoit et/ou le produit, les jeux auxquels il donne lieu, sa polémique sous-jacente c'est-à-dire sa dimension pragmatique. Pour cela, je m'appuie en premier lieu sur la distinction désormais classique de J. Austin (1970) entre le **locutoire**: «la production de sons appartenant à un vocabulaire et à une grammaire auxquels sont rattachés un sens et une référence» c'est-à-dire ce qui concerne la construction morpho-syntaxique d'un énoncé, et **l'illocutoire**: «l'acte produit en disant quelque chose et consistant à rendre manifeste comment les paroles peuvent être comprises». Dans cet énoncé extrait d'une émission de Radio Monte-Carlo et dont l'analyse est présentée p. 131: «*vous / trempez / le bout de l'allumette* (...) *dans un tube de vernis à ongles*», l'emploi de «*vous*», la présence d'un accent d'insistance sur ce même embrayeur, les pauses entre «*vous*» et «*trempez*», «*trempez*» et «*bout*» renforcent l'affirmation des locuteurs et constituent un conseil; ils concourent donc à la force illocutoire de l'énoncé. Par ailleurs, au cours de son émission, la speakerine tente de persuader ses auditeurs d'adopter le truc proposé. L'énoncé possède donc aussi une **force perlocutoire** puisque le locuteur essaie de produire des effets sur autrui en modifiant son comportement.

On peut y associer la conception des actes illocutionnaires d'O. Ducrot (1980, p. 37): «L'énonciation est considérée comme ayant certains pouvoirs [...] Dire qu'un énoncé est un ordre, une interrogation, une affirmation, une promesse, une menace c'est dire qu'il la représente comme créatrice de droits et de devoirs.» Cette définition, qui regroupe à la fois la conception du langage envisagé comme acte et celle de ses effets sur l'interlocuteur, pose le problème des relations entre locuteur et interlocuteur, au cours d'un échange langagier. En parlant, le locuteur oriente son discours en fonction de sa **stratégie argumentative**, et on peut y relever les

traces des « manœuvres auxquelles il contraint l'interlocuteur, les chemi-
nements qu'il lui fait suivre » (O. Ducrot, 1980, p. 11). Par exemple, dans
cette réponse de S. Floirat, P.-D.G. d'Europe N° 1, à une question que lui
pose J. Chancel sur son village natal dont il est devenu maire (cf. p. 119):
*« j'y suis toujours j'y suis revenu parce que mes camarades m'ont demandé
de prendre la mairie / et c'est pour cette raison que j'y suis pas pour une autre
raison »*, l'emploi de la construction segmentée *« c'est... que »*, et d'un
accent d'insistance sur *« pas »* permettent au locuteur de renforcer l'argument invoqué (la demande des camarades), et de répondre par avance, sans
le dire explicitement, à d'éventuelles objections de l'interlocuteur (votre
retour et votre succès électoral sont dus à votre position sociale, vous
utilisez votre pouvoir pour vous donner une assise politique, etc.). Tout
échange langagier contient ainsi des marques qui tout à la fois révèlent et
permettent **la polémique** avec autrui.

1.6. POLYPHONIE ET DIALOGISME
DES DISCOURS ORAUX

« Ma thèse permet, lorsqu'on interprète un énoncé, d'y entendre
s'exprimer **une pluralité de voix**, différentes de celles du locuteur, ou encore,
comme disent certains grammairiens à propos de mots que le locuteur ne
prend pas à son compte, mais situe explicitement entre guillemets, une
polyphonie » (O. Ducrot, 1980, p. 44). Les discours oraux orientés vers
autrui, sont polyphoniques en ce sens qu'on peut y entendre plusieurs voix :
celle du locuteur et celle d'autres énonciateurs, comme l'a montré l'extrait
de l'interview du syndicaliste cité plus haut. Les discours à plusieurs voix
sont élaborés en réponse à d'autres productions langagières préexistantes
ou produites simultanément. C'est ce que le linguiste M. Bakhtine appelle
le **dialogisme** des discours oraux, présent dans toutes les productions
langagières même si elles ont l'aspect d'un monologue: « L'énonciation-
monologue est déjà en elle-même une abstraction qui, à vrai dire, va de
soi. Toute énonciation-monologue, même s'il s'agit d'une inscription sur
un monument, constitue un élément inaliénable de **la communication
verbale**. Toute inscription prolonge celles qui l'ont précédée, engage une
polémique avec elles, s'attend à des réactions actives de compréhension,
anticipe sur celles-ci » (M. Bakhtine, 1929, p. 105). Ce dialogue entre les
discours suppose que les signes sont issus d'un processus **d'interaction
sociale** « et ne peuvent apparaître sur un terrain individuel ». L'interview
du syndicaliste citée ci-dessus ne se comprend vraiment que si on la replace
à l'intérieur d'autres productions langagières, qu'elles émanent de son
syndicat, d'autres organisations syndicales, d'organismes patronaux ou
gouvernementaux. Pour comprendre un discours oral il faut donc
nécessairement le situer par rapport à d'autres productions. Cette
préoccupation explique pourquoi j'ai si fortement insisté dans la partie

précédente sur la **comparaison** à établir entre le discours oral étudié et d'autres productions sociales, qu'elles soient orales, scripturales ou iconiques.

1.7. POLYSÉMIE ET OPACITÉ DES DISCOURS ORAUX

Toute communication est asymétrique, il existe un décalage entre le «modèle de production» et le «modèle d'interprétation» d'un discours (cf. C. Kerbrat-Orecchioni, 1980, p. 15), toute communication comporte une part d'incompréhension et peut faire l'objet de différentes hypothèses interprétatives: «l'interprétation d'un énoncé a un caractère inévitablement hypothétique, exprime une série de choix faits par le sujet interprétant» (O. Ducrot, 1980, p. 22). En conséquence, tout discours est **polysémique** et l'objectif d'une analyse de discours est d'«imaginer toutes les variations possibles du sens selon les éléments de situation pris en compte» (O. Ducrot, 1980, p. 18).

Cette polysémie discursive fait que tout discours oral, fût-il le plus quotidien, n'est pas **transparent** mais contient une part **d'opacité**. Comme l'explique F. Recanati (1979, p. 21) tout signe est à la fois transparent et opaque, transparent en ce sens qu'il «réfléchit quelque chose d'autre que lui-même», qu'il renvoie à un référent, opaque parce que, en tant que signe, il est le représentant à la fois arbitraire et nécessaire de ce référent et possède de ce fait une relative autonomie. Si on admet que ce qui est important dans les discours oraux, c'est non seulement leur contenu représentatif mais également le fait qu'ils s'exhibent en tant que discours, dévoilant ainsi leurs mécanismes de production, c'est-à-dire leur énonciation, il en découle qu'aucun d'eux n'est transparent mais que chacun contient nécessairement une part d'opacité que l'on peut tenter de dévoiler. Dans les situations de communication orales quotidiennes, les traces de cette opacité sont fréquentes. Cet énoncé extrait du discours d'un camelot sur un marché: «*je vais vous montrer un couteau qui ne coupe pas / c'est un couteau qui a frotté dans une poêle / dans une assiette / dans un plat / dans une casserole*» contient simultanément la définition du couteau mal affûté et des marques linguistiques caractérisant la relation camelot / client (énumérations, marques personnelles, emplois de la construction segmentée); comprendre un discours oral, c'est donc, au-delà de son aspect référentiel, entrevoir son opacité et sa polysémie.

1.8. DISCOURS ORAUX ET IMPLICITES DISCURSIFS

L'opacité des discours oraux tient, en particulier, à la superposition lors de leur énonciation d'un **dit** et d'un **non-dit**. L'interprétation des discours oraux passe par cette compréhension de l'implicite, tâche d'autant plus difficile qu'«il y a dans toute collectivité, même la plus apparemment libérale, un ensemble non négligeable de tabous linguistiques» (O. Ducrot, 1972, p. 5) et que pour ne pas transgresser ces interdits les locuteurs utilisent des vides que les interlocuteurs doivent interpréter à leur façon.

Pour une part, le non-dit des discours oraux est dû aux conditions spécifiques de leur réalisation. Dans cet énoncé, extrait d'un exposé oral réalisé par des étudiants d'I.U.T.: «*il faut placer la torche à plasma ici*», l'embrayeur «*ici*» désigne un emplacement sur un transparent, qui n'est pas nommé explicitement, parce qu'il appartient à un référent connu des locuteurs et interlocuteurs. L'**implicite discursif** fonctionne en relation avec la stratégie argumentative du locuteur. Dans le désormais très célèbre exemple de O. Ducrot: «*Pierre a cessé de fumer*», l'énoncé pose, explicitement, que «Pierre actuellement ne fume pas»; mais pour que l'interlocuteur l'interprète et l'accepte ainsi, il faut non seulement qu'il possède la compétence linguistique lui permettant de décoder cet énoncé, mais il faut qu'il soit également d'accord avec le locuteur sur un fait non explicité et qui est le suivant: «autrefois Pierre fumait». Sans ce consensus, l'énoncé n'a plus lieu d'être et ne peut être que rejeté par l'interlocuteur. O. Ducrot, on le sait, dénomme **présupposé** ce non-dit qui appartient en quelque sorte au fondement même des énoncés et aux règles du jeu établies entre le(s) locuteur(s) et le(s) interlocuteur(s). Mais le même énoncé prononcé avec l'intonation adéquate peut signifier et être **interprété** par l'interlocuteur comme une incitation à ne plus fumer. O. Ducrot donne à ce deuxième degré d'implicite le nom de **sous-entendu**; ces deux formes de non-dit laissent «la possibilité au locuteur de se retirer, pour ainsi dire, de la parole» (O. Ducrot, 1979, p. 42). Mais dans le premier cas, le non-dit est laissé en quelque sorte en marge du discours. Il est commun au locuteur et à l'interlocuteur. Dans le second cas, le locuteur tout en laissant à celui qui l'écoute une certaine liberté d'interprétation, tente de l'influencer, de le manœuvrer.

Très souvent, les locuteurs étayent leur argumentation de sous-entendus liés à tout un contexte socio-culturel. Ainsi cet énoncé: «*je ne sais pas combien je gagne mais je fais beaucoup plus de trente-neuf heures hein*», prononcé par un vendeur qui était questionné sur son salaire, ne se comprend que si on connaît son arrière-plan politique: l'année suivant la première élection de F. Mitterrand et la loi sur les trente-neuf heures hebdomadaires, votée au mois d'octobre de cette année-là. Néanmoins, l'utilisation de l'adverbe de quantité «*beaucoup plus de*» dans «*je fais beaucoup plus de trente-neuf heures*» qui peut être opposée à «*je fais trente-neuf heures*» ainsi que l'emploi de «*hein*» qui permet au locuteur de solliciter la connivence de l'interlocuteur sur un événement politique communément partagé, sont autant d'**indices révélant non pas le contenu mais l'existence d'un implicite**. Dans cet ouvrage, je n'ai pas l'intention de proposer des procédures permettant d'expliciter le contenu de ces implicites culturels. Je me bornerai à en étudier les indices linguistiques qui en révèlent l'existence et à montrer qu'il est nécessaire d'attirer l'attention des apprenants sur le rôle de ces marques qui me semblent un préalable et une aide pour l'interprétation du non-dit des discours oraux.

1.9. COHÉRENCE DES DISCOURS ORAUX

Les propositions énoncées ci-dessus tendent à montrer que les discours oraux sont cohérents et qu'il faut s'interroger sur les fondements de cette cohérence. Par exemple, dans ce document recueilli à micro caché, et qui est extrait du récit spontané d'une cliente dans un magasin d'alimentation:

> *«j'ai vingt-huit ans de quartier y a trente-trois ans que j'ai demandé un logement vous savez j'ai je ne sais pas y a pourtant des logements hein des h.l.m. et tout des maisons rénovées j'arrive pas à l'avoir moi j'ai j(e) suis déjà grand-mère j'ai eu trois enfants dans deux pièces j'ai vécu pa(r)ce et puis alors moi c'était impeccable chaque fois qu'ils venaient ils venaient que c'était propre c'était impeccable et ben ils disaient mais vous êtes bien ici c'est propre i(ls) disaient que c'est propre madame oh que c'est propre eh ben et j'avais pas de logement j'ai dit pour vous faire plaisir je peux quand même pas viv(r)e dans la merde»* [1].

Si on lit la transcription de ce document présentée de cette manière, le discours peut sembler incohérent pour des raisons qui tiennent:

1 — à l'absence de segmentation: il n'existe aucune marque entre *«j'ai vingt-huit ans de quartier»* et *«y a trente-trois ans»*;

2 — au problème posé par les relations entre certaines unités. Par exemple, à quoi faut-il rattacher le G.N. *«dans deux pièces»*?

3 — à un usage de la langue qui n'est pas conforme à «la norme» tant au plan morpho-syntaxique: *«j'avais pas»* à la place de *«je n'avais pas»*; *«je peux quand même pas»* au lieu de *«je ne peux quand même pas»* que syntaxique: *«ils venaient»*, *«ils disaient»* où *«ils»* a une co-référence tout à fait incertaine, *«ils venaient que c'était»*, construction elliptique utilisée à la place de *«ils venaient et ils voyaient que»*, des ruptures de construction: *«j'ai je ne sais pas»*.

L'écoute du document et la notation sur la transcription de deux **traits prosodiques** (les pauses et les accents d'insistance) donnent ce résultat:
«j'ai vingt-huit ans de quartier / y a trente-trois ans que j'ai demandé un logement / vous savez / j'ai / je ne sais pas / y a pourtant des logements hein / des h.l.m. et tout des maisons rénovées / j'arrive <u>pas</u> à l'avoir <u>moi</u> j'ai j(e) suis déjà grand-mère / j'ai eu <u>trois</u> enfants <u>dans deux</u> pièces j'ai vécu pa(r)ce

---

1. Cf. *L'oral spontané*, op. cit.

et puis alors <u>moi</u> c'était impeccable / chaque fois qu'ils venaient ils venaient / que c'était propre / c'était impeccable / eh ben ils disaient mais vous êtes bien ici c'est propre i(ls) disaient que c'est propre madame oh que c'est propre / eh ben et j'avais pas de logement j'ai dit pour vous faire plaisir je peux quand même <u>pas</u> viv(r)e dans la merde». Elles permettent en premier lieu de résoudre des problèmes de segmentation, comme celui posé par la séparation de *«j'ai vingt-huit ans de quartier»* et *«y a trente-trois ans»*; dans l'énoncé *«j'ai eu <u>trois</u> enfants <u>dans deux</u> pièces j'ai vécu»*, la présence d'accents d'insistance sur *<u>dans</u>* et *<u>deux</u>* incite à rattacher le G.N *«<u>dans deux</u> pièces»* au noyau de la phrase *«j'ai vécu»*; néanmoins, la présence concomitante d'un accent sur *«<u>trois</u>»* dans le G.N *«<u>trois</u> enfants»* et sur *«<u>dans</u>»* et *«<u>deux</u>»* dans le groupe *«<u>dans deux</u> pièces»* permet de déduire l'existence d'une relation entre les deux groupes; les hésitations suivies de ruptures de construction: *«j'ai / je ne sais»*, *«j'ai / je suis déjà grand-mère»*, dévoilent les efforts faits par le locuteur pour organiser son énoncé, et permettent à l'interlocuteur d'anticiper sur la suite du discours dans la mesure où l'emploi de *«j'ai»* annonce, à la manière d'une cataphore discursive, l'énoncé ultérieur *«j'ai eu trois enfants»;* *«ils»* dans *«ils venaient»*, *«ils disaient»* ne fonctionne pas comme un anaphorique, mais comme un déictique et désigne des personnalités connues du locuteur et de ses interlocuteurs. L'absence de *«il»* dans *«y a pourtant des logements»*, et de *«ne»* dans *«je peux quand même pas»* est un indice socio-situationnel qui tend à révéler les conditions de réalisation du discours (enregistrement à micro caché) et le type de situation de communication (dialogue informel); cela permet d'émettre des hypothèses sur l'origine socio-culturelle du locuteur. L'emploi d'accents d'insistance, du verbe *«vous savez»*, de *«mots du discours»* comme *«hein», «ben»* et *«mais»*, la présence d'énoncés *«rapportés»* sont des signes d'une interaction qui se construit par rapport à d'autres discours préexistants. Ces quelques remarques tendent à prouver que les discours oraux sont cohérents et que pour en comprendre la cohérence, il faut d'une part faire éclater le cadre de la phrase et d'autre part les replacer dans leur contexte de production.

1.10. ENTAILLES DES DISCOURS ORAUX ET DISCOURS EN «DOUBLETS»

Comme on aura pu le constater dans la première partie, j'accorde une grande importance aux comparaisons entre discours de divers types sémiotiques et au relevé de leurs différences pour dégager leur spécificité discursive, et j'ai déjà eu l'occasion d'expliquer l'attention toute particulière que j'accordais aux «doublets», discours oraux et écrits ayant un même contenu informatif. Pour la même raison, je m'intéresse aussi tout particulièrement aux endroits où, à l'intérieur des discours oraux eux-mêmes, s'opère une rupture engendrée par la différence entre deux éléments: par exemple, passage dans les marques personnelles du «je» au «il», variation de forme temporelle, changement de séquence narrative, etc. Pour cette raison, j'emprunte à J. Peytard (1982, p. 146) le concept d'«entailles» dont il se sert pour signaler les lieux d'un discours où se construit, par **différence,** le sémantisme du discours: «On posera que là où une différence se produit par entailles du texte, un sens a chance de se profiler, de s'établir en pointillé. Les différences font signe. Il conviendra donc de construire l'analyse, objet de connaissance des possibles polysémies, sur et par l'établissement du réseau des jeux différentiels.»

1.11. PISTES POUR UNE «ÉCOUTE-ANALYSE»

J'ai déjà eu l'occasion dans la partie précédente, à propos du contenu de la sous-partie «Écouter pour réfléchir et produire», de signaler quels étaient les principaux traits linguistiques auxquels il conviendrait de sensibiliser les apprenants. Je rappellerai que j'ai distingué:
— le niveau prosodique;
— le niveau syntaxique;
— le niveau discursif.

Je ferai remarquer que ce découpage est quelque peu arbitraire puisque l'étude des traits prosodiques et celle des constructions syntaxiques contribuent, tout autant que les traits discursifs à proprement parler, à la cohérence des discours oraux. Pour tous les points mentionnés, je propose de travailler dans une optique **sémio-linguistique** en posant les deux problèmes suivants:
— leur rôle dans l'**interaction langagière** entre un «je» locuteur-énonciateur et un «tu» interlocuteur-énonciataire, et dans la stratégie argumentative développée, que celle-ci soit **explicite** ou **implicite**;
— leur rôle dans **le dévoilement des relations** existant entre l'élaboration du discours (c'est-à-dire sa situation d'énonciation) et ses conditions de réalisation et d'échanges.

Ces différentes pistes d'«**écoute-analyse**» peuvent, selon moi, faciliter la mise en place d'exercices de compréhension/production des discours oraux. La méthodologie présentée dans cet ouvrage a cependant des limites. Bien qu'étant consciente du fait que l'appartenance socio-culturelle des locuteurs influe de manière décisive dans la production d'un discours, je ne propose pas de procédures permettant son identification. Je m'efforce en revanche de resituer les discours oraux étudiés par rapport à d'autres productions langagières, et j'accorde une attention particulière aux marques linguistiques de cette intertextualité. Je ne prétends pas non plus, dans le cadre de ce travail, aider à l'amélioration de la compétence culturelle des apprenants. Je m'intéresse toutefois aux marques linguistiques signalant la présence «en creux» d'implicites culturels qui peuvent par la suite être explicités et analysés.

1.12. COMMENT ET POUR QUOI TRANSCRIRE?

Pour analyser les caractéristiques d'un discours oral, par essence fugitif, il est nécessaire d'en établir au préalable une transcription qui permette de disposer d'une trace visuelle et stable de ce qui a été dit.

1.12.1. LES DIFFICULTÉS DE LA TRANSCRIPTION

La transcription se heurte à plusieurs catégories de difficultés, relatives:
1 — au processus de compréhension;
2 — aux problèmes de discrimination auditive;
3 — à la référence aux normes de l'écrit.

L'écoute d'un document sonore, en vue de sa transcription, implique un morcellement du discours qui va à l'encontre de la compréhension globale des énoncés. Aussi, inconsciemment, par suite de ses habitudes de perception, le transcripteur reformule-t-il ce qu'il a entendu. On se heurte également à des difficultés de discrimination auditive qui peuvent porter sur des éléments phonétiques, morpho-syntaxiques ou lexicaux. Par exemple, pour l'extrait de l'émission «*Vécu*» présenté p. 68, il m'a été difficile de choisir entre «*ça leur donne un compliment quoi*» et «*ça leur donne un complément quoi*». La tendance à la reformulation peut également provenir d'interférences avec les normes de l'écrit. Le transcripteur tend à restituer «*ne*» dans les négatives, à supprimer des hésitations ou, au contraire, à noter des pauses inexistantes à l'oral, mais correspondant à la ponctuation de l'écrit. L'écoute fonctionne comme un filtre, ce qui va à l'encontre du but même de la transcription qui est de restituer «fidèlement» un document sonore.

1.12.2. DIVERS TYPES DE TRANSCRIPTION POUR DIFFÉRENTS OBJECTIFS

Les transcriptions de documents sonores se présentent sous des formes diverses qui vont de la transcription phonétique ou phonologique avec utilisation de l'Alphabet Phonétique International à la simple prise de notes, en passant par la transcription orthographique utilisant ou non la ponctuation de l'écrit et comportant ou non l'usage d'un code traduisant la présence de traits prosodiques. **Le choix de la transcription se fait en fonction des objectifs du transcripteur.**

Lorsque les documents transcrits sont utilisés pour améliorer la compétence linguistique des apprenants, il faut en établir la transcription la plus fidèle possible. Pour présenter les caractéristiques d'un accent régional ou les différences existant entre morphologie orale et scripturale, il faut utiliser l'A.P.I. Mais lorsqu'on désire sensibiliser les étudiants aux facteurs de cohérence d'un discours oral, l'emploi de l'A.P.I. est non seulement inutile mais constitue une gêne, dans la mesure où, attirant l'attention des transcripteurs sur les unités articulatoires du discours, il en masque la continuité. Pour ces raisons, j'ai opté pour une **transcription de type orthographique**.

1.12.3. LE CHOIX D'UNE TRANSCRIPTION ORTHOGRAPHIQUE

Dans ce cadre, je m'efforce de rendre compte de tous les éléments effectivement prononcés : phatèmes, pauses sonores, hésitations, constructions inachevées, onomatopées. En ce qui concerne les phénomènes prosodiques, je me suis limitée à deux : les **pauses** et les **accents d'insistance**. Je n'aborde ici ni les phénomènes relevant de la phonétique articulatoire, ni ceux qui ont trait aux phénomènes intonatifs, non pas parce que je néglige leur importance, mais parce qu'ils ont déjà fait l'objet de travaux en didactique du FLE, à la différence des deux traits prosodiques cités ci-dessus.

La transcription des pauses et des accents d'insistance est assez malaisée. L'oreille fonctionnant comme un filtre, une écoute «à l'oreille» ne permet pas de restituer exactement le discours **produit** par le locuteur; le transcripteur tend à restituer les pauses absentes et à omettre celles qui existent. Faut-il pour autant délaisser l'écoute à l'oreille et la considérer comme fautive? Je m'associe volontiers, pour ma part, aux propos de P. Masselot (1979, p. 276): «L'écoute n'est pas fautive, l'écouteur investit sa propre compétence dans sa réception du discours», et à ceux d'E. Pedoya-Guimbretière (1981, p. 91) qui rappelle que «la question de savoir si c'est l'oreille ou l'appareil qui a raison est dénuée de sens. Une description phonétique complète suppose qu'on rende compte du témoignage de l'un ou de l'autre». Si cet ouvrage avait pour objectif une description linguistique et **limitée au seul aspect phonétique des discours oraux**, deux transcriptions seraient nécessaires: l'une à l'oreille, l'autre à l'aide d'un appareillage, et il faudrait se livrer à une comparaison systématique des deux transcriptions. Dans le cadre d'une analyse de type prépédagogique débouchant sur le fonctionnement **global** des discours oraux, ce travail est inutile. Il suffit que le transcripteur sache que la transcription proposée est la sienne et qu'il peut exister des écarts entre ce qui a été dit et ce qu'il a noté. En revanche, ce qui me paraît tout à fait essentiel est de ne **jamais employer dans une transcription les signes de la ponctuation écrite**. Comme l'ont montré, entre autres, F. Fillol et

J. Mouchon (1980), ainsi que P. Masselot (1979), la ponctuation de l'écrit et la segmentation orale constituent deux systèmes distincts et utiliser les signes de l'un pour rendre compte de la segmentation de l'autre, conduit inévitablement à une projection du scriptural sur l'oral et à une méconnaissance des caractères spécifiques de l'oralité.

1.12.4. L'USAGE DE LA TRANSCRIPTION EN CLASSE DE FLE

Je voudrais insister quelque peu sur l'emploi en classe de la transcription. Faire transcrire aux apprenants un long extrait de discours oral est une tâche fastidieuse et de peu d'intérêt. On aura pu constater, dans la première partie, que ce type d'exercices n'est proposé que pour des extraits extrêmement brefs. Tout autre est l'utilisation en classe d'un texte préalablement transcrit. Certes, ordinairement, l'écoute d'un document sonore se fait-elle sans l'aide d'un texte écrit. Aussi peut-il paraître artificiel d'accompagner celle-ci de la lecture simultanée du texte de sa transcription. Lorsqu'un document sonore est difficilement audible (parasites, bruits, chevauchements dans les prises de parole) et/ou long, les apprenants le comprennent plus facilement, si, simultanément à son audition, ils disposent du texte de la transcription. On l'utilisera surtout, ainsi que je l'ai signalé dans la première partie, pour faire apparaître certaines caractéristiques du discours oral. Dans ce cas, et **à condition que la transcription soit toujours utilisée simultanément à l'audition du document sonore**, elle me semble non seulement utile mais nécessaire.

1.13. ANNEXES

Je propose en annexes :
1 — un code de transcription,
2 — un exemple de fiche signalétique permettant aux enseignants de noter pour chaque document les principales caractéristiques linguistiques des extraits sonores retenus pour son enseignement,
3 — un schéma de la démarche proposée.

CODE DE TRANSCRIPTION UTILISÉ :

/	pause, ex : *les habitants / du quartier*
I	interrogation, ex : *ça fait longtemps que vous habitez le quartier* I
—	placé sous une syllabe portant un accent d'insistance, ex : *les minoritaires du parti*
( )	mise entre parenthèses des consonnes non prononcées, ex : *i(l) pleut*
--	pour signaler un mot interrompu et/ou non interprétable, ex : *renou--ra*
:	allongement final d'une voyelle, ex : *enfin :*

^   n'indique pas les liaisons obligatoires, mais les liaisons facultatives effectivement réalisées, ex: *je vais ^au cinéma*

^'   indique les «liaisons sans enchaînement» suivies d'une pause ou d'une rupture: ex: *mais^' aussi* [mɛz^'osi]

Transcription des prises de parole au cours d'une conversation:

Q: *si j'ai bien compris paris ça vous plaît pas tellement*
R: pas du tout /
    (il tousse)
Q: *mais alors moi (...)*

Pour essayer de rendre compte de l'enchaînement des prises de parole dans une conversation, on ne revient pas à la marge quand il y a changement de locuteur, mais on marque le début de chaque nouvelle intervention en prenant pour point de référence le locuteur précédent. Si les deux prises de parole se succèdent, le départ de la nouvelle est comme ci-dessus. Si elle a lieu avant que la précédente ne soit terminée, on signale le recouvrement partiel; ex:

    ...
(...) i(l) me reconnaît quand même
             il m'a parlé d'auto (...)

Les chevauchements de deux prises de parole sont marqués par une accolade et par l'utilisation d'un espace plus important entre ces interventions et celles qui suivent:

M.   *(...) il m'a dit que c'est trop long* ⎫
P.G.   *ah oui long long long*⎭

M.   *il a chanté frère jacques*

Les majuscules des noms propres sont supprimées.

FICHE SIGNALÉTIQUE

Titre du document:

CONDITIONS DE RÉALISATION:

- *Réalisation technique:*
    - Durée:
    - Réalisation: amateur   ☐
                      professionnelle   ☐
    - Qualité de l'enregistrement: bonne   ☐
                                      médiocre   ☐
                                      mauvaise   ☐
    - Présence de bruits: oui   ☐
                             non   ☐
    - Ces bruits sont-ils: extérieurs   ☐
                             des parasites dus à l'enregistrement   ☐
    - Micro: caché   ☐
                découvert   ☐
    - Utilisation d'un support écrit: oui   ☐
                                         non   ☐

- *Localisation:*
    - Nom de la cité ou de la région:
    - Lieu de réalisation:
                extérieur   ☐
                intérieur   ☐
                studio   ☐
- *Date de réalisation:*
- *Contexte de réalisation:*
    - Événement d'ordre: professionnel   ☐
                            familial   ☐
                            amical   ☐
                            autres   ☐
- *Référents socio-culturels:*
    - Locuteur(s):
                sexe   :
                âge   :
                profession   :
    - Relations entre les locuteurs:
                familiales   ☐
                professionnelles   ☐
                amicales   ☐
                se connaissent depuis longtemps: oui   ☐
                                                    non   ☐
                ont des rapports: hiérarchiques   ☐
                                     d'égalité   ☐

SITUATION DE COMMUNICATION

- *Contacts locuteurs / interlocuteurs:*
    - Contact: immédiat   ☐
        - differé   ☐
    - Locuteurs: proches   ☐
        - éloignés   ☐
- *Caractéristiques formelles de l'échange:*
    - Communication: simple   ☐
        - incluse dans une autre communication   ☐
- *Le (ou les) interlocuteur(s) est (sont)-il(s)?*
    - actuel   ☐
    - potentiel   ☐
    - unique   ☐
    - multiple   ☐
- *Dans le cas d'échanges entre plusieurs personnes:*
    - Quel est le nombre des participants?
    - Peut-on dénombrer le nombre de prises de parole?   oui ☐
        - non ☐

        Si oui, quel en est le nombre?
- *Le thème:*
    - Est-il donné explicitement?   oui ☐
        - non ☐
    - Le référent est-il?   concret ☐
        - abstrait ☐
    - Rend-il compte d'un événement public?   oui ☐
        - non ☐
- *Les finalités:*
    - Transmission d'un savoir: pédagogique ☐
        - autre ☐
    - Le locuteur s'efforce-t-il de convaincre ses interlocuteurs?   oui ☐
        - non ☐

SITUATION D'ÉNONCIATION (Caractéristiques linguistiques du document)

- *Caractéristiques phonétiques:*
    - Prosodie
        - pauses: nombreuses ☐   rôle syntaxique ☐
            - peu nombreuses ☐   autres rôles ☐
        - accents d'insistance: nombreux ☐
            - peu nombreux ☐
    - Articulation
        - accent régional: oui ☐
            - non ☐
- *Constructions syntaxiques:*
    - Caractéristiques d'un oral «spontané»:
        - ruptures de construction: oui ☐   ex:
            - non ☐
        - reprise du groupe sujet: oui ☐   ex:
            - non ☐
        - constructions inachevées: oui ☐   ex:
            - non ☐
        - constructions agrammaticales: oui ☐   ex:
            - non ☐

- Fréquentes à l'oral:
    - énoncés «juxtaposés»:   oui ☐   ex:
          non ☐
    - constructions segmentées avec présentatif: oui ☐   ex:
          non ☐
    - constructions segmentées sans présentatif: oui ☐   ex:
          non ☐
    - présentatifs: oui ☐   ex:
          non ☐
    - absence de *ne* dans la négation: oui ☐   ex:
          non ☐
- Phrases complexes: oui ☐   ex:
      non ☐

- *Au-delà de la phrase*:
    - Marques personnelles:
        - locuteur: oui ☐   ex:
              non ☐
        - interlocuteur: oui ☐   ex:
              non ☐
    - Formes temporelles:
        - présent: oui ☐   ex:
              non ☐
        - passé simple: oui ☐   ex:
              non ☐
        - imparfait: oui ☐   ex:
              non ☐
        - passé composé: oui ☐   ex:
              non ☐
        - plus-que-parfait: oui ☐   ex:
              non ☐
        - futur: oui ☐   ex:
              non ☐
    - Localisateurs temporels:
        - par rapport au référent: oui ☐   ex:
              non ☐
        - par rapport à l'énoncé: oui ☐   ex:
              non ☐
        - par rapport à l'énonciation: oui ☐   ex:
              non ☐
    - Modalités:
        - assertives: oui ☐   ex:
              non ☐
        - logiques: oui ☐   ex:
              non ☐
        - appréciatives: oui ☐   ex:
              non ☐
    - Marques d'enchaînement:
        - — connecteurs: oui ☐   ex:
              non ☐
        - — «phatèmes»:   oui ☐   ex:
              non ☐
    - Système anaphorique:
        - — répétitions: oui ☐   ex:
              non ☐

       — an. lexicales: oui   ☐   ex:
              non   ☐
       — pronoms: oui   ☐   ex:
              non   ☐
      — déterminants: oui   ☐   ex:
              non   ☐

- Énoncés rapportés: oui   ☐   ex:
              non   ☐
- Allusion à d'autres discours: oui   ☐   ex:
              non   ☐
- Unités macro-textuelles:
  Nombre de séquences:
  Début et fin de chaque séquence:
      de ....   à ....
      de ....   à ....
      de ....   à ....
      de ....   à ....
      de ....   à ....etc.
- Organisation conversationnelle:
  Nombre de locuteurs:
  Nombre d'échanges:
  Début et fin de chaque échange:
      de ....   à ....
      de ....   à ....
      de ....   à ....
      de ....   à ....
      de ....   à ....etc.
  Marques de tours de parole (comment céder la parole)
     ex:
  Marques de prises de parole (comment céder la parole)
     ex:

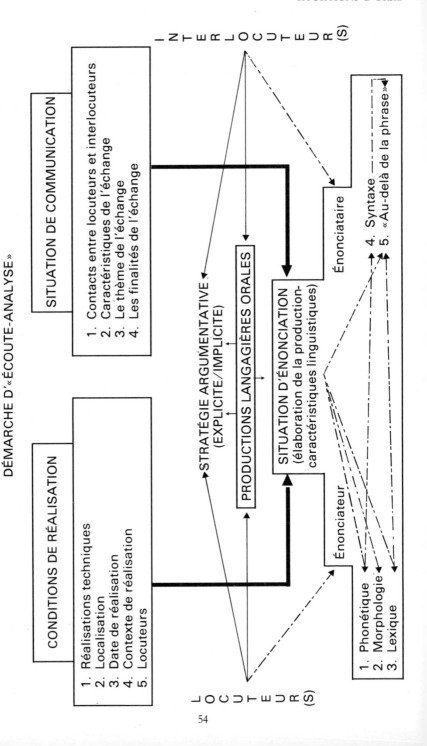

CHAPITRE 2

REMARQUES SUR QUELQUES TRAITS D'ORALITÉ [1]

2.1. PRÉSENTATION DES TABLEAUX

Je présente sous forme de tableaux des propositions concernant quelques traits d'oralité : les pauses, les accents d'insistance, les hésitations, un « mot du discours » (hein), et les constructions segmentées. Ce choix ne relève pas du hasard : pauses et accents d'insistance sont deux traits prosodiques parfois négligés dans l'exploitation pédagogique des documents sonores.

« Hein » appartient à ces expressions longtemps tenues pour « vides de sens » et sur lesquelles on n'attirait pas l'attention des apprenants. Les constructions segmentées m'ont donné l'occasion de montrer les rapports existant entre, d'une part, des énoncés tout à fait conformes à la norme comme « *c'est un quartier qui a du caractère* » et, d'autre part, des énoncés dits agrammaticaux comme « *les bonshommes ils mettaient deux chaises* », « *moi-même le coup de goldenberg j'y ai été...* ». Les hésitations ont souvent été présentées comme la caractéristique, par excellence, des discours oraux mais on les a souvent considérées comme des « ratés » en négligeant leur rôle dans l'élaboration des productions langagières. Comme on peut le constater, je me suis efforcée de montrer **leur rôle dans la cohérence** des discours oraux et dans la stratégie argumentative des locuteurs, que celle-ci soit explicite ou implicite. Dans l'étude des documents présentés dans la troisième partie, j'insiste sur le rôle de chacun de ces traits d'oralité [2].

---

1. Je regroupe sous le terme de traits d'oralité des caractéristiques communes à la plupart des discours oraux. Je fais figurer sous ce terme : 1 — les traits prosodiques (pauses, accent rythmique, accent d'insistance, débit, étude de la courbe mélodique), 2 — le problème de la délimitation en unités, et plus particulièrement celui de l'inadéquation du découpage en phrases, 3 — l'emploi de constructions syntaxiques, également utilisées à l'écrit, mais qui, à cause de leur fréquence à l'oral y acquièrent une importance et/ou une fonction particulière (« ça », « on », pronoms personnels, présentatifs, constructions segmentées), 4 — des phénomènes propres à la plupart des échanges oraux (par exemple, l'utilisation de « mots du discours » comme « ben », « hein », « quoi »), 5 — des singularités dues au caractère linéaire de la parole : hésitations, reprises, constructions inachevées, énoncés agrammaticaux...

2. Pour des renseignements complémentaires, se reporter aux articles suivants : « Ben, hein, c'est pas restreint ici » ou « Hein, marqueur d'interaction et d'argumentation ». *Le français dans le monde* n° 176, Paris, Hachette-Larousse, avril 1983, pp. 89-91. « Oral : les hésitations », *Le français dans le monde* n° 180, Paris, Hachette-Larousse, octobre 1983, pp. 102-104. « Le rôle des constructions segmentées dans l'organisation des discours oraux » *Le français dans le monde* n° 188, Paris, Hachette-Larousse, octobre 1984, pp. 105-108 ainsi qu'à « *L'écoute-analyse* » *des documents sonores et leur utilisation en classe,* thèse de doctorat, 1987.

2.2. TABLEAUX

PAUSES ET INTERPRÉTATION DES DISCOURS ORAUX

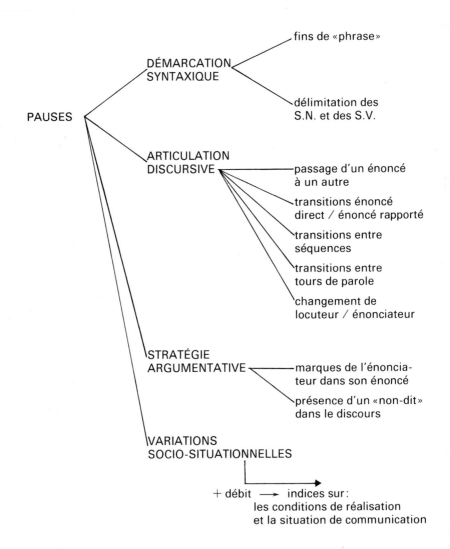

ACCENTS D'INSISTANCE ET INTERPRÉTATION
DES DISCOURS ORAUX

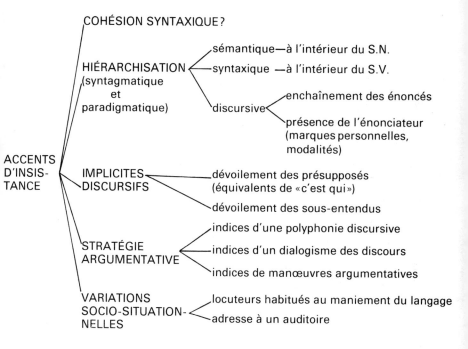

«HEIN» ET INTERPRÉTATION DES DISCOURS ORAUX

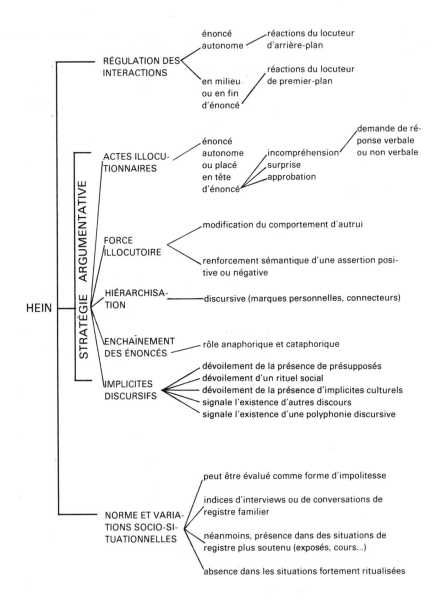

HÉSITATIONS ET INTERPRÉTATION DES DISCOURS ORAUX

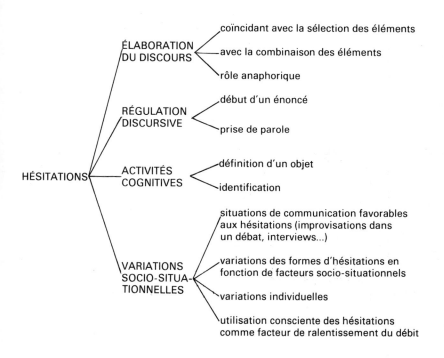

CONSTRUCTIONS SEGMENTÉES ET INTERPRÉTATION DES DISCOURS ORAUX

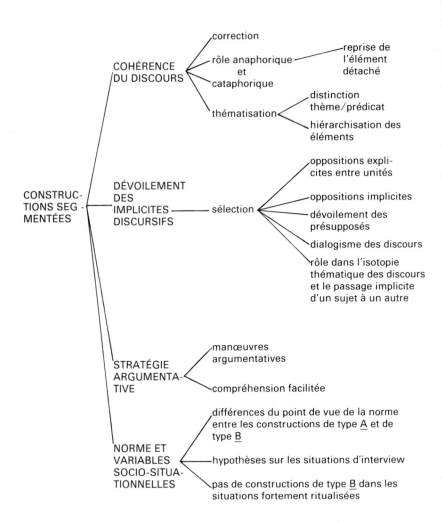

TROISIÈME PARTIE

DES ANALYSES À L'USAGE DES ENSEIGNANTS

CHAPITRE 1

CINQ EXEMPLES TÉMOINS

Ainsi que je l'ai annoncé dans la première partie, je propose en premier lieu l'étude de cinq documents : un extrait de bulletin d'informations diffusé sur France-Inter le 24 juin 1979 dans la tranche horaire de 7 h 30, un passage d'interview réalisée sur le lieu de travail de celui qui répond aux questions des journalistes et emprunté à l'émission *Vécu* (France-Inter, 2 février 1980), un épisode d'un reportage sportif retransmis en direct : l'arrivée du Tour de France 1979, une anecdote de vendanges, enregistrée dans la cave d'un vigneron à Pouilly-sur-Loire (janvier 1979), un fragment de conversation familiale recueillie à micro caché à l'insu des locuteurs à Nîmes (avril 1980).

1.1. ÉTUDE D'UN EXTRAIT
DE BULLETIN D'INFORMATIONS

TRANSCRIPTION D'UN EXTRAIT DE BULLETIN D'INFORMATIONS (France-Inter, 24 juin 1979)

1 *bonjour les titres de l'actualité gigantesque marée noire au large du golfe du*
2 *mexique les techniciens français seront peut-être appelés à la rescousse /*
3 *la convention nationale du parti socialiste à paris les militants du p.s.*
4 *veulent régler la querelle mitterrand mauroy mais les minoritaires du / parti*
5 *ne seront pas présents à la réunion / le président égyptien sadate offre l'asile*
6 *au shāh d'iran condamné à mort par le régime de l'ayatollah khomeiny /*
7 *les français n'ont pas froid dans le dos un sondage indique / qu'il sont*
8 *en majorité d'accord pour baisser leur chauffage à dix-neuf degrés /*
9 *une étude de la prévention routière indique / que les voitures en france sont*
10 *en mauvais état / un véhicule sur deux n'est pas conforme aux normes de sécu-*
11 *rité / et puis à trois jours du départ du tour de france bernard hinault remet*
12 *son titre de champion de france en jeu à plumelec dans le morbihan /*
13 *(...) 7 heures et trente et une minutes*
14   *le golfe du mexique c'est loin me direz-vous / mais*
15 *dans cette région / la gigantesque marée noire qui est en train de s'échapper*

62

16 *d'un puits sous-marin constitue <u>sans</u> doute la plus gr<u>an</u>de catastrophe économique*
17 *jamais vue jusqu'ici / pl<u>us</u> grave que celle d'ekofisk en mer du nord*
18 *il y a deux ans / si les informations dont nous disposons actuellement sont*
19 *vérifiées / <u>tout</u> ce que nous savons pour l'instant c'est que cette marée noire de*
20 *<u>cin</u>quante kilomètres de <u>long</u> / se situe à qua<u>tre</u>-vingt-dix kilomètres des côtes*
21 *du golfe du mexique / c'est un forage ma<u>r</u>in qui a mal tourné / le pompier*
22 *volant américain red adair appelé sur place n'a <u>rien</u> pu faire / du puits il*
23 *s'échappe entre dix-sept et tre<u>nte</u> mille barils de pétrole par jour*
24 *les mexicains / envisagent maintenant d'appeler à la rescousse / une équipe*
25 *française dirigée par yvon julian / que fr<u>anç</u>ois vicard a rencontré hier soir /*

- Dans cet extrait, **la cohérence** discursive repose essentiellement sur l'utilisation par le journaliste des deux traits prosodiques que sont **les pauses** et **les accents d'insistance**.
- L'énonciateur est **présent**, mais de manière voilée.
- **Les constructions syntaxiques** sont proches de celles d'un écrit aux fonctions similaires ; toutefois, il existe un écart notable entre les flashes (séquence A) et les commentaires (séquence B).

- Ce document se compose de trois parties : A) les titres présentés dans six flashes, séparés par des virgules musicales ; B) une indication horaire, précédée d'annonces météorologiques qui n'ont pas été conservées dans l'extrait ; C) des commentaires qui développent le premier titre du journal : «*marée noire au large du golfe du mexique*».

1.1.1. CONDITIONS DE RÉALISATION ET SITUATION DE COMMUNICATION

Le document est d'une durée de 1' 44" ; on y entend deux voix différentes : un speaker qui salue les auditeurs et donne l'indication horaire, et celle du présentateur. À la fin de l'extrait, la parole est donnée à un autre journaliste que l'on n'entend pas dans le passage étudié. Que ce soit dans la présentation des flashes ou dans celle des commentaires, le journaliste parle en s'aidant d'un support écrit. Dans les deux cas, il doit respecter impérativement la tranche horaire qui lui est attribuée, mais la finalité des deux parties principales du document (A et C) est différente.

En A, il doit, en faisant preuve de précision et de concision, annoncer aux auditeurs les nouvelles du jour de façon à ce que ceux-ci les retiennent immédiatement. En C, il s'efforce, en reprenant chacune d'elles, d'intéresser ceux qui l'écoutent, par le développement et les commentaires qu'il en tire. Le journal a lieu en direct; aussi le contact est-il immédiat entre les journalistes et des **auditeurs éloignés et potentiels**.

1.1.2. RÔLE DES PAUSES ET DES ACCENTS D'INSISTANCE

Dans les parties A et C les pauses respectent généralement le découpage syntaxique des énoncés puisqu'elles apparaissent soit en fin de phrase, par exemple dans « *les mino̱ritaires du parti ne seront pas présents à la réunion /* » (4), soit entre constituants de phrase comme dans « *mais dans cette région / la gigantesque marée noire (...) constitue <u>sans</u> doute la plus <u>grande</u> catastrophe économique jamais vue jusqu'ici* » (15). Mais il peut y avoir fin de phrase sans que celle-ci soit signalée par une pause; dans « <u>*la*</u> *convention nationale du parti socialiste à paris les militants du p.s.* <u>*veulent*</u> *régler la querelle mitterrand mauroy* », il n'existe aucune pause entre la phrase nominale et la fin du flash. Dans deux cas (4 et 15) leur présence n'est pas conforme à la construction syntaxique des énoncés.

En fait, les pauses ne coïncident réellement avec la fin des phrases que si celles-ci marquent la fin d'un flash. Dans la partie A, elles contribuent plutôt, à l'intérieur des flashes, à une amélioration de la présentation des informations. Ce rôle discursif est confirmé par l'existence d'une pause entre « *du /* » et « *parti* » (4); en provoquant une rupture syntaxique, la présence de la pause permet de détacher le G.N., de l'opposer au reste de la phrase, et renforce l'introduction d'un argument par « *mais* ». Dans la troisième partie, les pauses soulignent les rapports existant entre le texte du flash et celui de (C) qui en est le commentaire ainsi que la stratégie argumentative employée par le journaliste pour capter l'attention des auditeurs. Ainsi la pause placée après « *me direz-vous /* » (14) renforce-t-elle simultanément la reprise de l'information géographique donnée dans le premier flash, l'adresse aux auditeurs et la construction segmentée « *le golfe du mexique c'est loin* ». De la même manière, la coupure entre « *les mexicains /* » et « *envisagent* » (24) indique, sans qu'il en soit fait mention explicitement, le lien existant entre le flash et le commentaire sur cet événement, et signale l'importance de la décision mexicaine.

Le désir de transmettre efficacement les informations et d'**orienter l'interprétation des auditeurs** explique le caractère quelque peu didactique du discours et le nombre élevé — une trentaine — d'accents d'insistance. Dans la partie (A), à l'intérieur de la thématique propre à chacun des flashes, les informations ont un poids sémantique différent, selon qu'elles sont ou non porteuses d'accent. Il se crée ainsi des noyaux informatifs qui sont successivement: 1) la marée noire mexicaine avec ses caractéristiques «*gigantesque*», et sa localisation «*golfe du mexique*»; 2) la convention du P.S. «*minoritaires*»; 3) «*sadate*»; 4) la baisse du chauffage, «*dix-neuf degrés*»; 5) le championnat de France cycliste avec le nom du sportif «*bernard hinault*», et la localisation de l'épreuve «*plumelec*». Dans la seconde partie, un phénomène analogue se produit avec l'émergence des noyaux informatifs suivants: les caractéristiques de la marée noire «*gigantesque*» (15) «*cinquante kilomètres de long*» (20), sa localisation «*quatre-vingt-dix kilomètres des côtes du golfe du mexique*» (20), son origine «*forage marin*» (21), et ses conséquences économiques «*trente mille barils de pétrole par jour*» (23).

Les accents d'insistance sont également placés sur des expressions qui indiquent plus directement la présence du journaliste dans le bulletin; ils apparaissent lorsqu'il salue les auditeurs «*bonjour*», leur présente son confrère «*françois vicard*», ou lorsqu'il emploie des modalités marquant la négation «*n'a rien pu faire*» (22), le non-certain «*peut-être*» (2), le probable «*sans doute*» (16) ou l'optatif «*veulent*» (4).

1.1.3. ORGANISATION SYNTAXIQUE ET DISCURSIVE DES PARTIES A ET C

L'élaboration du bulletin se faisant à l'aide d'un support écrit, les constructions syntaxiques utilisées sont à peu près similaires à celles d'un document scriptural de même registre de langage comme, par exemple, un article de journal. Les constructions syntaxiques employées varient toutefois d'une partie à l'autre. En A, seules deux phrases complexes avec enchâssement d'une complétive à l'intérieur du S.V. sont utilisées: «*un sondage indique / qu'ils sont en majorité d'accord pour baisser leur chauffage à dix-neuf degrés*» (8) et «*une étude de la prévention routière indique / que les voitures en france sont en mauvais état*» (10); les autres phrases sont deux phrases nominales «*bonjour les titres de l'actualité*» (1) et «*la convention nationale du parti socialiste à paris*» (3), et trois phrases simples (6, 7, 10). À l'inverse, dans la partie C, seules deux phrases simples sont employées. Toutes les autres sont des phrases complexes. Trois d'entre elles sont organisées autour de constructions segmentées: «*tout ce que nous savons (...) golfe du mexique*» (19), «*c'est un forage marin qui a mal tourné*» (21), et «*le golfe du mexique c'est loin me direz-vous*» (14). Cette dernière est coordonnée par «*mais*» à une autre phrase complexe composée d'un complément de phrase en fonction de circonstant, «*dans cette région*» rattachée à P formée d'un S.N. en fonction de sujet. À l'intérieur duquel est enchâssée une relative: «*qui est en train de s'échapper d'un puits sous-marin*» (15); le S.V. composé d'un G.V.: «*constitue sans doute la plus grande* catastrophe économique jamais vue jusqu'ici» (16) dont dépendent une phrase elliptique, placée en position d'incise : «*plus* grave que celle d'ekofisk en mer du nord il y a deux ans» (17), et une phrase hypothétique : «*si les informations dont nous disposons actuellement sont vérifiées*» (18).

Dans la partie A, constituée d'une série de flashes séparés par des virgules musicales, le journaliste présente, de manière apparemment linéaire, une succession d'informations isolées. Cette impression première paraît confirmée par le nombre de phrases simples juxtaposées. Mais l'emploi des pauses et des accents d'insistance rompt cet effet de linéarité : il permet d'accentuer certaines informations par rapport à d'autres, de créer entre elles des rapprochements et des oppositions, et laisse apparaître, derrière la simple succession des informations, le rôle implicite du journaliste qui oriente, en fait, l'interprétation des auditeurs.

La forme temporelle dominante est le présent de l'indicatif ; par deux fois cependant, le journaliste emploie le futur de l'indicatif «cette forme du temps qu'on ne tient pas encore, qu'on imagine». Avec l'emploi du futur, le décalage par rapport au moment de prise de parole est non seulement chronologique, mais vient de ce que l'on passe à un domaine autre qui est celui de l'hypothèse. Cet usage de la temporalité, trace indirecte de la présence du journaliste dans son discours, est également conforme à l'organisation du discours médiatique qui suppose la présentation des faits et leur interprétation. De même, la présence du déterminant «*la*» devant le S.N. «*convention nationale du parti socialiste*» (3), opposée à l'absence d'article devant «*gigantesque marée noire au large du golfe du mexique*» (1) indique que cet événement a déjà été mentionné dans des émissions antérieures et marque implicitement les relations existant entre les différents bulletins pour le traitement des informations et la construction d'un événement. Deux des phrases simples utilisées sont coordonnées : l'une par «*et puis*», l'autre par «*mais*» ; «*et puis*» aide à ordonner la présentation des informations ; «*mais*» est un marqueur argumentatif. Pour montrer son rôle dans la stratégie argumentative du journaliste, j'utiliserai partiellement pour cette étude, et celle d'autres extraits, les travaux d'O. Ducrot (1980) sur ce «mot du discours». «Mais» joue, selon O. Ducrot, le rôle de «redresseur argumentatif» ; son emploi implique un échange entre un «Locuteur» (ici le journaliste) et un «Récepteur» (ici les auditeurs) ; dans cette communication R, même non-présent, n'est pas considéré comme un interlocuteur passif, mais on suppose, au contraire, qu'il s'efforce de dégager, à partir du discours tenu par L, les indices qui lui permettent d'en faire une interprétation. À partir de l'énoncé P (dans ce cas : «*les militants du p.s. veulent régler la querelle mitterrand mauroy*»), L suppose que R peut en tirer différentes conclusions dites «r» : par exemple, le conflit va prendre fin, les courants d'opinion vont présenter leurs positions, etc. Pour modifier ces conclusions, L utilise «*mais*» qui lui permet d'introduire l'énoncé Q : «*les minoritaires du parti ne seront pas présents à la réunion»*. «*Mais*» est ainsi un outil argumentatif et la marque implicite d'une relation entre journaliste et auditeurs.

Dans la partie C, le journaliste rattache ses commentaires au flash de la première partie; «*gigantesque marée noire*» devient «*la gigantesque marée noire*», l'article défini «*la*» placé devant le groupe nominal, indique que le journaliste reprend l'information préalablement présentée dans le flash. Après avoir détaillé les caractéristiques de la catastrophe, il évoque à nouveau l'aide éventuelle des techniciens français. Mais dans le flash, cette information est formulée à l'aide d'un verbe au futur de forme passive avec pour sujet «*les techniciens français*» (2) et ellipse de complément d'agent; dans la partie C, elle est présentée avec un verbe au présent de l'indicatif de forme active et dont le sujet syntaxique est «*les mexicains*» (24). L'information perd de son caractère hypothétique et la présentation est, cette fois-ci, vue sous l'angle des Mexicains.

Toutefois, les différences entre les deux parties proviennent surtout du **degré d'implication** du locuteur dans son énoncé et de la manière dont le journaliste s'adresse aux auditeurs. Contrairement à A, la partie C contient plusieurs marques personnelles «*me*» et «*vous*» dans «*me direz-vous*» (14), «*nous*» dans «*nous disposons actuellement*» (18) et «*nous savons*» (19). Le journaliste hésite une fois sur le choix du mot «*appeler à la rescousse*» (24). Si l'on excepte le futur de «*me direz-vous*» (14), les formes temporelles employées sont le présent de l'indicatif, marque d'une coïncidence entre temps de l'énoncé et de l'énonciation: «*c'est loin*» (14), «*constitue sans doute*» (16), et deux passés composés marquant une antériorité par rapport au moment de l'énonciation. Les localisateurs temporels «*maintenant*» (24), «*hier soir*» (25) situent tous les énoncés par rapport au moment de l'énonciation. Cette expression de la temporalité est une marque indéniable de la présence du journaliste dans son énoncé.

Dans la partie A, l'argumentation du locuteur est le plus souvent voilée, parce qu'elle repose, pour l'essentiel, sur le jeu des traits prosodiques; dans la partie C, le journaliste argumente de manière plus explicite, en jouant beaucoup sur l'emploi des constructions segmentées. Il ouvre ses commentaires par «*le golfe du mexique c'est loin me direz-vous*» ou, s'adressant directement aux auditeurs, il thématise le G.N. «*le golfe du mexique*» et le sépare ainsi du prédicat «*c'est loin*». Prenant appui sur le possible désintérêt des auditeurs pour l'événement, il feint d'adopter la même attitude pour mieux la réfuter par le contre-argument qui va de «*mais... la gigantesque marée noire*» (15) à «*sont vérifiées*» (19).

L'utilisation de la construction segmentée: «*tout ce que nous savons pour l'instant c'est que cette marée noire de cinquante kilomètres de long / se situe à quatre-vingt-dix kilomètres des côtes du golfe du mexique*» (19 à 21), permet de thématiser la relative substantivée «*tout ce que nous savons*» et de mettre en relief le savoir des journalistes sur cet événement; elle permet aussi, par la disjonction qu'elle opère entre thème et prédicat, d'attirer l'attention de ceux qui écoutent sur la précision des informations transmises: «*cinquante kilomètres*» (20), «*quatre-vingt-dix kilomètres*» (20). Ainsi, pour mieux convaincre ses auditeurs, le journaliste n'insiste pas uniquement sur le contenu des informations, mais également sur leur transmission.

1.1.4. CONCLUSIONS

Cette étude a permis de montrer les facteurs de cohérence du discours tenu tant au plan prosodique, syntaxique que discursif et de voir comment le journaliste **met en scène**, souvent implicitement, les événements qu'il transmet, de manière à en faire l'épisode d'un feuilleton dont le récit se poursuit tout au long de la journée et pour lequel il utilise les ressources de la langue et de sa mise en discours.

1.2. ÉTUDE D'UN EXTRAIT D'INTERVIEW RADIOPHONIQUE

TRANSCRIPTION DE L'ÉMISSION «VÉCU»

(France-Inter, 2 février 1980)

1   *au départ bon ben je crois qu'y avait assez une / une problème de de*
2 *haine hein / contre la station / quand on démarre une station y avait pas des*
3 *routes / toutes les voitures les camions ça passait dans les villages c'était*
4 *étroit ça faisait / du bruit et personne pouvait euh / travailler après eh / les routes*
                                                                                  bon ben
5 *ça touchait des terrains puis on est pas prêt de / y a eu une haine*
6 *un peu de ce côté-là les terrains d'ici / qui qui partaient quoi / les propriétaires*
7 *dans son atelier / jean-paul murat trente ans loueur de skis /*
8 *après petit à petit quand tout le monde s'aperçoit que la station bon ben*
9   *a évolué que ça crée des emplois / (BRUITS) que le petit commerçant*
10 *que l'agriculteur il peut se permettre de venir vendre son lait / enfin*
11 *son beurre / son fromage / tout ça / bon ben ça (SILENCE) ça donne un ça leur*
12 *donne un compliment[1] quoi ils sont quand même plus heureux que / que autrefois /*

---

1. Ou complément.

13 <u>*mais*</u> *je m'aperçois que maintenant bon ben tout le monde euh essaie de de*
14 *s'intégrer hein dans cette station / bon ben ils viennent travailler ou alors*
15 *ils ont les enfants qui peuvent profiter du ski qui peuvent profiter <u>euh</u> / je*
16 <u>*pense*</u> *que dans la vallée euh (SILENCE) / je p- ben à 90 % tout le monde*
17 *est content /*

• Cet extrait est très différent du précédent (cf. bulletin d'informations).
• Les traits **prosodiques** y ont un rôle moindre.
• Le locuteur qui n'est pas un professionnel de la parole est placé en situation d'interview et **improvise** devant le micro.
• Toutefois, derrière l'apparent morcellement de la production langagière et ses différents «ratés» langagiers, apparaît une réelle **cohérence** reposant sur des **relations** entre des éléments appartenant à des phrases différentes. Les «**mots du discours**» «*mais, bon, ben*» contribuent fortement à cette organisation.
• Les **marques** de la présence de **l'énonciateur** dans le discours tenu sont très nombreuses.

• Le discours oral qui me sert ici d'exemple est emprunté à une émission diffusée il y a quelques années, chaque samedi sur France-Inter, dans la tranche horaire de 12 à 13 heures. Les réalisateurs y partaient du vécu quotidien des personnes interviewées, en proie à des préoccupations très diverses. L'émission de ce jour-là était consacrée au bouleversement apporté dans la vie des habitants d'un village des Alpes par la transformation de leur site en station de sports d'hiver. Dans ce bref extrait (1' 38") la parole est donnée à J.-P. Murat, loueur de skis. Comme le signalent la voix off et les bruits de fond, il est interrogé dans son atelier. Journaliste et interviewé sont proches l'un de l'autre et leur contact est immédiat. Mais au-delà de cet échange en face-à-face, le journaliste, dont on ignore les questions et qu'on entend seulement en voix off, ainsi que le loueur de skis s'adressent, en différé, à des interlocuteurs éloignés et potentiels: les auditeurs de l'émission. Le locuteur qui improvise ses réponses n'est pas un professionnel de la parole et n'a pas l'habitude de s'exprimer en public.

1.2.1. UNE COHÉRENCE À CHERCHER «AU-DELÀ DE LA PHRASE»

Pour comprendre l'organisation de ce discours, on doit aller au-delà des unités phrastiques, ce qui permet d'entrevoir un réseau de relations et de parallélismes qui, sans cela, serait masqué par ce découpage. Comme le montre le schéma présenté en annexe le document se scinde en deux séquences : cette partition est induite par l'emploi de la voix off et par plusieurs indices chronologiques. Chacune des séquences se subdivise à son tour en trois (A, B, C).

- Dans la séquence I
  A : de «*au départ*» à «*contre la station*» (1 à 2)
  B : de «*quand on démarre*» à «*travailler*» (2 à 4)
  C : de «*après*» à «*qui partaient quoi*» (4 à 6).
- Dans la séquence II
  A : de «*après petit à petit*» à «*autrefois*» (8 à 12)
  B : de «*mais je m'aperçois*» à «*qui peuvent profiter euh*» (13 à 15)
  C : de «*je pense*» à «*ben à 90% tout le monde est content*» (16 à 17).

Apparemment, la séquence I se caractérise par l'emploi de juxtapositions ou de phrases inachevées. En fait, chacune des sous-séquences de I possède sa cohérence interne et est en relation avec les autres. Par exemple, la séquence IB s'articule autour de «*y avait pas des routes*» (P1) ; du présentatif dépend la circonstancielle antéposée «*quand on démarre une station*». Elle est suivie de trois phrases simples juxtaposées : P2 : «*toutes les voitures les camions ça passait dans les villages*» (3), P3 : «*c'était étroit...*» (4), P4 : «*ça faisait du bruit*» (4). En fait P2 est composée d'un S.V. «*passait dans les villages*» et d'un S.N. «*toutes les voitures les camions ça*» qui se partage en «*toutes les voitures les camions*», extrait et thématisé, et en «*ça*», pronom de reprise en fonction de sujet. En P4, le même S.N. est pronominalisé et repris par «*ça*», le S.N. «*toutes les voitures les camions*» constitue donc un élément commun qui réunit P2 et P4. Dans P3 «*c'était étroit*», le S.N. est constitué par le pronom «*c'*» qui appartient au présentatif «*c'était*» ; «*c'*» est une reprise anaphorique de P1 «*y avait pas des routes*», il réunit donc P1 et P3. D'autre part la thématisation de «*toutes les voitures les camions*» entraîne, à cause de sa position, un rapprochement avec P1, créant ainsi un lien entre P1, P2 et P4. La phrase suivant P5, «*personne pouvait travailler*», est réunie à P1, P2, P3 et P4 par «*et*» qui marque une relation de conséquence avec ce qui précède. Des constatations similaires pourraient être faites pour chacune des sous-séquences. Il existe également des liens entre ces subdivisions. Elles sont marquées, entre autres, par :

— des reprises anaphoriques signalées par la redondance de N et un changement de déterminant : «*la station*» (A) devient «*une station*» (B) ;
— l'utilisation de constructions syntaxiques similaires (présentatifs avec «avoir») ;
— l'emploi de circonstants antéposés.

Une analyse de même type pourrait être faite dans la séquence II, et on pourrait montrer qu'en dépit de différences importantes — les complétives jouent un rôle plus important en II qu'en I, et inversement les constructions segmentées sont plus nombreuses en I qu'en II — il existe des similitudes entre I et II : antéposition des circonstants, emploi des verbes d'opinion « croire » et « s'apercevoir ».

Du point de vue sémantique, le discours est également fortement organisé. L'**isotopie** dominante de celui-ci est constituée par l'évolution de l'attitude des villageois vis-à-vis de la station : on passe de P (haine, mécontentement) séquence I à son contraire P — (contentement) séquence IIB et IIC, par l'intermédiaire de « non-P » (non-mécontentement) indiqué dans la séquence IIA.

1.2.2. MOTS DU DISCOURS ET ORGANISATION RHÉTORIQUE

Le mot du discours « *ben* » est employé sept fois par le locuteur ; dans six occurrences, il est précédé de « *bon* ». « *Bon* » est une actualisation qui signale que immédiatement ou non, on va tirer une conclusion de ce qui vient d'être dit. Dans l'interview, « *bon ben* » précède toujours une assertion du locuteur : « *bon ben... ça touchait* », « *bon ben... a évolué* », etc. « *Ben* », souligne aussi l'**organisation rhétorique** de l'interview. Selon D. Luzzati (1982)[1], on met à jour dans ce type de discours une organisation ternaire en trois périodes : **la tension**, parfois sous-entendue, qui donne le sujet de l'énoncé, **la condition** c'est-à-dire l'explication, la cause ou la justification, et enfin **la résolution** c'est-à-dire la conséquence de ce qui est dit, les trois éléments pouvant se présenter dans des ordres différents. Si on applique ce schéma à l'intervention du loueur de skis, on obtient un nouveau découpage des séquences I et II :

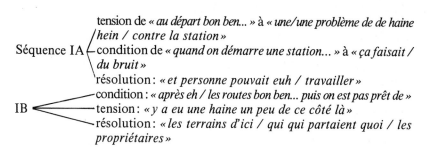

Séquence IA
tension de « *au départ bon ben...* » à « *une/une problème de de haine hein / contre la station* »
condition de « *quand on démarre une station...* » à « *ça faisait / du bruit* »
résolution : « *et personne pouvait euh / travailler* »

IB
condition : « *après eh / les routes bon ben... puis on est pas prêt de* »
tension : « *y a eu une haine un peu de ce côté là* »
résolution : « *les terrains d'ici / qui qui partaient quoi / les propriétaires* »

1. D. Luzzati a relevé ce type d'organisation rhétorique dans un corpus composé d'enregistrements du *Masque et la Plume*, ainsi que de conversations de café recueillies à micro caché. Dans ce même recueil, il a décrit le rôle de « bon » que je cite ci-dessus.

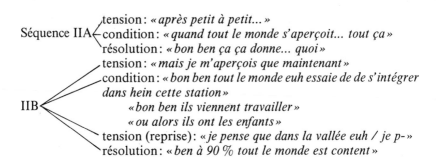

Séquence IIA
- tension: «*après petit à petit...*»
- condition: «*quand tout le monde s'aperçoit... tout ça*»
- résolution: «*bon ben ça ça donne... quoi*»

IIB
- tension: «*mais je m'aperçois que maintenant*»
- condition: «*bon ben tout le monde euh essaie de de s'intégrer dans hein cette station*»
  «*bon ben ils viennent travailler*»
  «*ou alors ils ont les enfants*»
- tension (reprise): «*je pense que dans la vallée euh / je p-*»
- résolution: «*ben à 90 % tout le monde est content*»

«*Bon ben*» est présent dans chacune des périodes. En IA «(*bon*) *ben*» apparaît en tension: «*au départ bon ben...*»; en IB, il est dans la période condition: «*après eh les routes bon ben*»; en IIA, il est utilisé en tête de la résolution: «*bon ben ça leur donne un compliment quoi*»; en IIB, il est en tête des deux sous-parties de la période condition: «*bon ben ils viennent travailler*» et au début de la résolution «*ben* à 90% *tout le monde est content*». «*Bon ben*» souligne donc le découpage rhétorique.

1.2.3. DES RATÉS LANGAGIERS QUI AIDENT À MIEUX COMPRENDRE LES DISCOURS ORAUX

Le locuteur hésite à plusieurs reprises. Toutes ses hésitations facilitent l'encodage de son énoncé, que ce soit au niveau du **choix** des éléments: «*je crois qu'y avait assez une / une problème de de haine hein / contre la station*» (2) ou de leur **combinaison** dans la chaîne parlée «*je p-ben à 90 % tout le monde est content*» (17). Dans deux occurrences, les constructions inachevées anticipent en fait sur celles qui sont à venir: dans «*on est pas prêt de*», «*de*» annonce «*un peu de ce côté-là*», et dans «*ça donne un ça leur donne un compliment*», le déterminant «*un*» de «*ça donne un*» est repris dans «*un compliment*». Ces différents types d'hésitations permettent aussi une correction du discours et sont en relation avec des opérations cognitives telles que la définition d'une situation: «*ils sont quand même plus heureux que / que autrefois*» (12).

Le locuteur enfreint, de manières diverses, les normes du français standard. Toutefois, certaines des erreurs commises s'expliquent si on prend en compte leur contexte et permettent une meilleure analyse du fonctionnement du discours. Les erreurs de genre et de nombre sont dues à des phénomènes d'anticipation. Le non-respect de la concordance des temps dans «*quand on démarre une station y avait pas des routes*» révèle un changement d'attitude du locuteur par rapport à ce qu'il dit. En disant «*quand on démarre une station*», le locuteur amorce un commentaire de portée générale sur les problèmes posés par la création d'une station de sports d'hiver; en utilisant l'imparfait, il interrompt son commentaire, réoriente son discours vers la narration et les problèmes spécifiques de son village. D'autres erreurs comme la chute de «*ne*» dans la négation ou le non-usage de «il» dans les présentatifs avec «avoir» sont les marques classiques d'un registre familier. Toutes s'expliquent si on tient compte des paramètres socio-situationnels du discours: interview improvisée et origine socio-culturelle du locuteur.

1.2.4. DU DISCOURS «PERSONNEL» À CELUI D'AUTRUI

Lorsque nous parlons, nos propos sont orientés vers autrui, nous répondons, consciemment ou non, à d'autres discours antérieurs ou bien nous anticipons sur les arguments qui peuvent nous être opposés. De manière explicite ou implicite, un dialogue s'instaure entre les différents discours. Le point de vue du loueur de skis ne peut être correctement interprété que si on le confronte avec celui d'autres habitants du village. Cette confrontation apparaît en filigrane dans son parler. Des indices linguistiques témoignent de ce dialogisme. Je m'en tiendrai à un seul: celui des marques personnelles. De ce point de vue, la séquence I se divise selon trois axes:
— l'un centré sur le locuteur, avec une occurrence de «*je*» suivie du verbe «croire» indiquant une modalité du non-certain, et une de «*on*» dans «*on est pas prêt de*»;
— le second impersonnel, à travers l'emploi de «*y a*», pose l'existence des événements «*y a une / une problème de de haine contre la station*» (2), «*y avait pas des routes*» (3), «*y a eu une haine un peu de ce côté-là*» (5);
— le troisième se décompose en trois: «*personne pouvait euh / travailler*» (4), «*on démarre une station*» (2), «*les propriétaires*» (6) où apparaissent successivement: l'ensemble des habitants, les agriculteurs et les promoteurs.

Ces trois points de vue sont dispersés à travers la séquence I, le locuteur y adopte une apparente neutralité tout en laissant transparaître son opinion personnelle. La séquence II s'organise de manière différente. La zone d'impersonnel a disparu. Il ne subsiste que deux parties: l'une est centrée sur le «*il*» et l'autre sur le «*je*»; contrairement à la première séquence, les marques de «*il*» et de «*je*» sont réparties les premières en A, les secondes en B et C. Cependant, dans les deux séquences, ces marques linguistiques indiquent la position personnelle du locuteur et l'existence d'autres discours que le sien.

Une partie de la richesse de ces propos quotidiens vient de la présence en creux, dans le dire du loueur de skis, de la parole d'autrui. Cette présence admise, on peut ensuite, en utilisant d'autres extraits de l'émission, comparer le discours de ce locuteur avec celui d'autres interviewés: architecte, membre de la société d'aménagement, hôteliers, élus locaux, agriculteurs appartenant à la nouvelle ou à l'ancienne génération, moniteurs de skis, etc.

1.2.5. CONCLUSIONS

Cet extrait d'interview m'a permis :

— de vérifier, une fois encore, l'influence des conditions de réalisation et de la situation de communication sur la production d'un discours ;

— de montrer les principes d'organisation de cette production langagière qui, certes, contrevient aux normes grammaticales, mais n'en possède pas moins une cohérence interne qui repose sur des relations nécessitant un éclatement de la phrase ; de montrer aussi la prise en considération d'unités séquentielles conformes, dans ce cas, à la chronologie discursive, à l'argumentation du locuteur, et à une forme de rhétorique orale, caractéristique des discours spontanés ;

— de montrer le rôle joué par les mots du discours comme « *mais, ben, bon ben* », les constructions segmentées, les hésitations et les différentes formes de « ratés » langagiers dans la compréhension d'une production orale ;

— d'indiquer les différents modes d'implication du locuteur dans son énoncé et la dimension polyphonique de cette interview, créée ici par la présence « en creux » d'autres discours, par rapport auxquels la personne interviewée prend position et avec lesquels elle instaure une forme de dialogisme.

Annexe : schéma (voir ci-contre)

Ce schéma retrace l'organisation du document analysé. Il peut être aussi utilisé avec des étudiants de niveau avancé dans la partie « Écouter pour réfléchir et produire » ; les éléments en italiques gras sont supprimés et doivent être reconstitués. On peut également faire « coder » le document avec des flèches (→) pour les éléments à relier, des encadrements □ pour les mots extraits et des encerclements ○ pour les pronoms de reprise. On peut aussi montrer les répétitions en les soulignant avec ce signe ($\sim\!\!\sim\!\!\sim$) et relier par des pointillés (....) les constructions syntaxiques existant dans chacune des parties.

I

A *au départ bon ben* je crois
qu'y avait/assez une une
problème de haine hein contre la station

B *quand* on démarre une station
y'avait pas des routes
toutes les voitures les camions *ça*
passait dans les villages
ça
faisait du bruit
*c'*était étroit
et personne pouvait euh travailler

B *après eh* les routes *bon ben ça* touchait *des* terrains
puis on est pas prêt de *y a eu* une haine un peu de ce côté-là
les terrains d'ici
qui qui partaient quoi
les propriétaires

II

A *après* petit à petit
quand tout le monde s'aperçoit
que la station *bon ben* a évolué
que ça crée des emplois
que le petit commerçant ⎤
que l'agriculteur ⎦ ii
peut se permettre de venir
vendre son lait enfin
son beurre son fromage
tout ça

bon ben ça ça donne un *ça* leur donne un compliment quoi
ils sont quand même plus heureux que que autrefois

C *mais* je m'aperçois
que maintenant *bon ben* tout le monde euh
essaie de de s'intégrer hein dans cette station
bon ben ils viennent travailler
ou alors ils ont les enfants
qui peuvent profiter du
ski qui peuvent profiter euh

C je pense
que dans la vallée (euh) [silence]
je p-ben à 90 % tout le monde est content

75

1.3. ÉTUDE D'UN REPORTAGE RADIOPHONIQUE RETRANSMIS EN DIRECT

TRANSCRIPTION DE L'ARRIVÉE DU TOUR DE FRANCE 1979

1 *jean-françois huit cents mètres de la ligne attention il nous faut maintenant*
2 *une interview de bernard hinault bernard hinault mais qui maintenant*
3 *est en train / à sept cents mètres de la ligne d'emmener ce sprint / avec jop*
4 *zoetemelk dans la roue les deux hommes sont sur la place de la concorde /*
5 *ils ne vont pas tarder à ressortir / pour aborder ici / les champs-élysées et /*
6 *cela va se terminer à la hauteur du pavrillon* * */ gabriel devant lequel*
7 *nous nous trouvons / bernard hinault qui commence à regarder sur sa droite pour*
8 *savoir où se trouve jop zoetemelk jop zoetemelk / qui est bien calé : / dans*
9 *la roue / de bernard hinault les deux hommes maintenant les*
10 *voici / qui tournent ils sont à cinq cents mètres de l'arrivée / c'est*
11 *toujours bernard hinault maintenant qui lance le sprint bernard*
12 *hinault toujours en tête avec jop zoetemelk dans la roue euh bernard*
13 *hinault / qui n'a / toujours pas voulu changer de vitesse jop / jop*
14 *zoetemelk qui attaque / zoetemelk qui attaque et bernard hinault*
15 *qui a du mal à répondre / bernard hinault en deuxième position*
16 *qui va peut-être revenir sur jop zoetemelk / zoetemelk qui a lancé*
17 *le sprint de loin zoetemelk qui est en tête mais bernard*
18 *hinault qui est en train de revenir bernard hinault qui revient /*
19 *bernard hinault qui va peut-être l'emporter zoetemelk toujours*
20 *en tête / zoetemelk toujours en tête / attention*
21 *pour l'arrivée / bernard hinault / top / bernard hinault les deux bras*
22 *en l'air / premier bernard hinault / deuxième jop zoetemelk / bernard hinault*
23 *les deux bras en l'air / donc qui vient de remporter / la dernière étape c'est son*
24 *septième succès / dans ce tour de france et qui en plus remporte bien sûr*
25 *ce tour de france /*

---

* Sic.

> • Dans cet extrait, un journaliste rend compte en **direct** du déroulement d'un événement sportif.
> • **L'organisation** de la production est soumise aux **contraintes imposées** par cette retransmission: débit rapide, accents d'insistance fréquents, énoncés juxtaposés.
> • Cependant **la cohérence du discours** est assurée par le jeu des traits prosodiques, les répétitions, le choix de formes syntaxiques récurrentes et l'effort du journaliste pour maintenir le contact avec ses auditeurs.

• Dans cet extrait d'une durée de 1'10", un journaliste commente en direct l'arrivée du Tour de France 1979, marquée par un sprint final disputé entre les deux premiers au classement général: J. Zoetemelk et B. Hinault. Installé sur la ligne d'arrivée aux Champs-Élysées, le reporter est en relation avec l'un de ses confrères qui suit la course sur une moto émettrice. Le journaliste qui s'adresse à des auditeurs potentiels, mais avec lesquels il est en contact immédiat, doit improviser son discours sous la pression de l'événement et en fonction des péripéties de ce dernier. Pour rendre compte de la manière la plus efficace de la progression événementielle, il doit s'efforcer d'atteindre une quasi-coïncidence entre le commentaire sur l'événement et son déroulement. Il doit aussi capter l'attention des auditeurs, que ces derniers soient, ou non, amateurs de sports. Cet ensemble de contraintes donne à cette production langagière des caractéristiques spécifiques qui sont celles d'un reportage radiophonique retransmis en direct.

1.3.1. COHÉRENCE DISCURSIVE ET DÉCOUPAGE SÉQUENTIEL

Le reportage peut être décomposé en trois grandes séquences:
I La séquence initiale où le reporter donne les caractéristiques spatio-temporelles de l'événement et le nom des deux champions cyclistes.
II L'événement lui-même.
III La séquence finale où le reporter tire les conclusions de l'événement.
La séquence II se subdivise en trois sous-séquences qui correspondent aux différentes péripéties de la compétition:
A: de «*bernard hinault*» (7) à «*qui est bien calé: dans la roue de bernard hinault*» (9)
B: de «*les deux hommes*» (12) à «*qui a du mal à répondre*» (15)
C: de «*bernard hinault*» (15) à «*deuxième jop zoetemelk*» (22).

1.3.2. COHÉRENCE DISCURSIVE ET TRAITS PROSODIQUES

Dans cet extrait où le débit de la parole est particulièrement rapide, pauses et accents d'insistance ont un rôle important. L'étude de la répartition des pauses permet de vérifier qu'un découpage syntaxique peut avoir lieu sans qu'il y ait nécessairement présence de pauses ; aucune des phrases nominales suivantes : « *jean-françois* » (1), « *huit cents mètres de la ligne* » (1), « *attention* » (1) n'est suivie d'une pause. De la même manière, à la fin de « *il nous faut maintenant une interview de / bernard hinault* » (2), « *bernard hinault qui va peut-être l'emporter* » (19), aucune pause n'est employée. En revanche, les pauses apparaissent dans des énoncés comme « *la roue / de bernard hinault* » (9), « *ce tour de france* » (25), « *emmener ce sprint* » (3) ; elles provoquent une rupture syntaxique, mais créent un effet de connotation emphatique, et mettent en relief certaines péripéties de la course. En outre, elles soulignent le découpage — en séquences et sous-séquences — présenté ci-dessus.

Les conditions de réalisation et d'échanges expliquent le nombre particulièrement élevé des accents d'insistance. Ils sont placés sur le nom des deux champions, sur les indices spatiaux « *huit cents mètres* » (1), « *sept cents mètres* » (3), « *cinq cents mètres* » (10), sur des verbes ou substantifs indiquant les différentes péripéties de l'épreuve : « *ressortir* » (5), « *commence* » (7), « *attaque* » (14), « *arrivée* » (21). Leur emploi sur le pronom « *qui* » dans la phrase nominale S.N. + « *qui* » + P contribue à la démarcation de cette construction, également encadrée par des arrêts de voix, soulignant ainsi la récurrence d'une forme syntaxique qui marque elle aussi les différents moments de la compétition. Les accents d'insistance soulignent l'organisation du reportage et permettent une meilleure réception des commentaires.

1.3.3. COHÉRENCE DISCURSIVE ET CONSTRUCTIONS SYNTAXIQUES

Dans cet extrait, seules six phrases sont composées de S.N. + S.V. ; elles sont presque toutes utilisées dans la séquence I du reportage c'est-à-dire celle qui précède le commentaire de l'épreuve à proprement parler. En revanche, le journaliste emploie vingt-huit phrases nominales : onze ne sont constituées que du seul S.N. et apparaissent, sauf les trois premières où le journaliste interpelle son confrère, dans la séquence II c'est-à-dire celle du commentaire sur l'événement, et dans la séquence III où le reporter conclut son reportage. Seize d'entre elles sont constituées d'un S.N. suivi d'une expansion sous forme de relative. J'insisterai plus particulièrement sur ce dernier type de phrase nominale qui constitue un des pivots du discours. Hormis trois cas, on peut rapprocher cette forme syntaxique de la construction segmentée :

que
« c'est K ... R », dont il existe d'ailleurs un emploi : « *c'est toujours bernard*
qui[1]
hinault maintenant qui lance le sprint » (11) ; la seule différence existant entre
les deux constructions vient de l'ellipse de « *c'est* ». Elles reposent sur les
trois opérations caractéristiques des constructions segmentées : **extraction**,
détachement, et **reprise**. Par exemple, dans « *bernard hinault mais qui
maintenant est en train / à sept cents mètres de la ligne d'emmener ce sprint /
avec jop zoetemelk dans la roue* » (4) et dans « *jop / zoetemelk qui attaque* »
(14), les S.N. extraits et détachés sont respectivement « *bernard hinault* » et
« *jop zoetemelk* » qui sont repris par le relatif « *qui* ». En utilisant ces
constructions, le locuteur **thématise** l'élément détaché et le sépare de ce qui
en est dit, c'est-à-dire du **prédicat** qui est rejeté dans la relative. Le
commentaire du reporter y gagne en concision et en clarté. Dans deux
emplois toutefois : « *jop zoetemelk jop zoetemelk / qui est bien calé : / dans
la roue / de bernard hinault* » (8), « *zoetemelk / zoetemelk qui a lancé le sprint
de loin /* » (17), l'insertion de « c'est » est impossible parce que le S.N. sur
lequel porte l'expansion est une reprise du S.N. antécédent. Dans ce cas,
la construction utilisée facilite la compréhension du reportage pour les
auditeurs, car elle leur rappelle l'identité du champion cité. Dans un cas,
« *les deux hommes maintenant les voici / qui tournent* » (9) le détachement
de « *les deux hommes* » est suivi d'une double reprise « *les* » et « *qui* », et le
présentatif « *voici* » tend à jouer le rôle de pro-verbe et rapproche cette
construction des phrases comportant S.N. et S.V.

1.3.4. COHÉRENCE DISCURSIVE ET CARACTÉRISTIQUES ÉNONCIATIVES

Dans un reportage en direct où le locuteur parle sous la pression de
l'événement, on trouve, au sein du discours, les marques de cette
improvisation et de cette élaboration progressive. Ces mêmes contraintes
donnent leur spécificité aux marques d'enchaînement discursives qui
reposent sur la juxtaposition et la récurrence des éléments.

---

1. Pour les constructions segmentées avec présentatif, je reprends la classification
proposée par M. L. Moreau dans « *C'est* », *étude de syntaxe transformationnelle*, Université
de Mons, Série Sciences humaines, mars 1976, 242 p. Elle y distingue trois types de
constructions :
« A c'est K » ou construction avec « détachement »
ex. « *leurs terres c'est leur source enfin c'était leur / bien quoi* »
« Ce que... 〉 R c'est K ou constructions
« Ce qui... 〉 « pseudo-clivées »
ex : « *ce que j'admirais le plus c'était des grosses dames vous savez habillées avec un tablier tout
en / tout plissé* ».
« C'est K 〈 que / qui 〉 R constructions « clivées »
ex : « *C'est un quartier qui a un caractère euh ben ces vieilles maisons ces vieux immeubles* ».

Les injonctions adressées par le journaliste à son confrère, que celles-ci soient tout à fait explicites «*jean-françois huit cents mètres de la ligne attention il nous faut maintenant une interview de bernard hinault*» (1 et 2) ou plus allusives «*attention pour l'arrivée*» (20), sont des indices du travail effectué par le journaliste pour réaliser au mieux son reportage et satisfaire ceux qui l'écoutent. Habile dans le maniement de la parole, fût-elle improvisée, le journaliste n'utilise qu'une seule hésitation sous la forme de la pause sonore «*euh*»: «*euh bernard hinault*» (12) qui s'explique aisément puisqu'elle coïncide avec une péripétie de l'épreuve, l'attaque du champion belge, et illustre l'obligation pour le journaliste de modifier son discours en fonction de l'événement.

Au plan temporel, le journaliste utilise quatre fois le déictique «*maintenant*»: «*il nous faut maintenant une interview de bernard hinault*» (1), «*bernard hinault mais qui maintenant est en train à sept cents mètres de la ligne d'emmener ce sprint*» (3), «*les deux hommes maintenant les voici / qui tournent*» (9), «*c'est toujours bernard hinault maintenant qui lance le sprint*» (11). Dans les trois dernières occurrences, «*maintenant*» marque la coïncidence entre temps de l'énoncé et de l'énonciation et est utilisé au cours de la description de la course. Dans la première occurrence «*maintenant*», qui appartient à l'échange entre les deux journalistes, a un sens différent et pourrait être paraphrasé par «à partir de maintenant». Toutefois, quelle que soit sa valeur sémantique, «*maintenant*» est, au sein du discours, une des marques linguistiques des contraintes d'un reportage en direct.

Contrairement aux repères temporels, les indices spatiaux se font — sauf dans un cas: «*ils ne vont pas tarder / à ressortir pour aborder ici*» (5) — par rapport au référent. Les uns situent l'action «*place de la concorde*» (4), «*les champs-élysées*» (5), «*pavrillon gabriel*» (6), les autres sont des éléments constitutifs de l'événement: ils en jalonnent la progression, ils indiquent l'avance des deux coureurs par rapport à la ligne d'arrivée «*sept cents mètres*» (3), «*cinq cents mètres*» (10) et ils situent les deux champions l'un par rapport à l'autre: «*deuxième position*» (15), «*qui est en tête*» (17), «*toujours en tête*» (20). Le présent de l'indicatif qui est généralement la marque d'une coïncidence entre temps de l'énoncé et de l'énonciation, est presque constamment utilisé. Néanmoins, le passé composé est employé deux fois: «*zoetemelk qui a lancé le sprint de loin*» (17), «*euh bernard hinault / qui n'a / toujours pas voulu changer de vitesse*» (13). Ces deux occurrences correspondent à deux péripéties de la course: l'offensive du champion belge «*jop / jop zoetemelk qui attaque*» (14) et la réponse du français «*mais bernard hinault qui est en train de revenir*» (18). Ces emplois sont conformes à la valeur du passé composé qui est de signaler un énoncé dont le procès est antérieur à la situation d'énonciation, mais dont les conséquences sont encore valables au moment de la prise de parole du locuteur.

Au plan aspectuel, hormis les deux emplois du passé composé, l'accent est mis sur l'inachèvement du procès. L'utilisation de formes périphrastiques qui permet au journaliste de décrire plus précisément l'événement, en insistant sur la manière dont se déroule l'action, accentue ce caractère inachevé. «*En train*» + infinitif rappelle que le procès est en cours de développement : «*bernard hinault mais qui maintenant est en train... d'emmener ce sprint*» (2) ; «*commence à*» et «*vient de*» (7 et 23) indiquent le début et la fin du déroulement du procès. Les verbes employés marquent, pour la plupart, une certaine durée. Dans trois occurrences, les verbes désignent un procès ponctuel : «*jop zoetemelk qui attaque /* » (14) «*bernard hinault qui revient*» (18) mais les verbes d'état sont relativement nombreux (7 occurrences).

Ces caractéristiques aspectuelles sont conformes aux conditions de réalisation du discours en direct : pour compenser la rapidité du débit de la parole, le journaliste décompose en quelque sorte les phrases de l'événement pour permettre aux auditeurs qui ne disposent pas des ressources de l'image de suivre le reportage plus aisément. Ce choix dévoile aussi le travail du journaliste qui consiste non seulement à décrire l'événement tel qu'il est, mais également à le prévoir, à le construire. À cet égard, la suite d'énoncés : «*bernard hinault... qui va peut-être revenir*» (16), «*bernard hinault qui est en train de revenir bernard hinault qui revient*» (18) est particulièrement significative puisque le journaliste émet une hypothèse sur l'événement, fait observer sa mise en place et le décrit.

1.3.5. COHÉRENCE DISCURSIVE ET ENCHAÎNEMENT DES ÉNONCÉS

Pour assurer les liaisons entre énoncés, les connecteurs ne sont employés que quatre fois. Leur présence permet cependant au reporter de retenir l'attention des auditeurs. La présence de «*et*» et de «*mais*» dans «*ils ne vont pas tarder à ressortir / pour aborder ici / les champs-élysées et / cela va se terminer à la hauteur du pavrillon / gabriel*» (5 et 6), «*zoetemelk qui attaque et bernard hinault qui a du mal à répondre*» (14 et 15), «*bernard hinault les deux bras en l'air donc qui vient de remporter la dernière étape (...) et qui en plus remporte bien sûr ce tour de france*» (22 à 25), «*il nous faut maintenant une interview de bernard hinault bernard hinault mais qui maintenant est en train (...) d'emmener ce sprint*» facilite le découpage séquentiel du reportage : dans le premier énoncé, il se trouve à la fin de l'introduction et précède l'annonce du lieu retenu pour l'arrivée de la course. Dans le deuxième et le troisième énoncés, il souligne l'un une péripétie événementielle, c'est-à-dire la contre-attaque de Jop Zoetemelk, et l'autre la conclusion du reportage : l'importance de la victoire du champion français. En utilisant «*mais*» le journaliste dialogue, en quelque sorte, avec les auditeurs, puisque l'argument introduit par «*mais*» inverse la conclusion «l'interview va avoir lieu dans l'immédiat» que les auditeurs auraient pu déduire de «*il nous faut maintenant*».

Excepté quatre cas, les autres énoncés sont juxtaposés. Mais cette juxtaposition est compensée par:
— l'usage fréquent d'un même trait prosodique (les accents d'insistance), la récurrence obstinée de la construction syntaxique S.N. + relative dont le S.N. désigne toujours le nom de l'un des deux champions;
— l'usage répété d'expressions empruntées au lexique des courses cyclistes «*jop zoetemelk dans la roue*» (4), «*dans la roue*» (12), «*qui lance le sprint*» (11), «*qui a lancé le sprint de loin*» (16), «*qui va peut-être revenir*» (16), «*qui est en train de revenir*» (18), «*qui revient*» (18).

1.3.6. CONCLUSIONS

Cette étude a été l'occasion de dégager, par rapport aux deux autres extraits radiophoniques précédents, quelques-unes des caractéristiques du discours d'un reportage retransmis en direct: le reporter doit nécessairement **rendre compte**, au moment même de son déroulement, d'un événement changeant auquel, en tant que locuteur, il est contraint d'adapter son discours. Pour cela, il adopte un débit très rapide, dont les effets néfastes pour la compréhension sont compensés par les accents d'insistance, les répétitions, le choix d'un modèle syntaxique récurrent; il scinde son discours en une série d'énoncés juxtaposés, mais dont l'effet de morcellement est amoindri par les redondances signalées ci-dessus; il choisit des repères temporels conformes à la nécessité de cette coïncidence et qui lui permettent de traduire, dans son discours, non seulement les actions dont il est le témoin, mais d'en caractériser également le déroulement progressif; il veille simultanément à la qualité du commentaire produit et aux bonnes conditions de réalisation du discours, c'est-à-dire au déroulement matériel du reportage. Il doit enfin intéresser les auditeurs à l'événement. À cette fin, il transforme son reportage en narration: l'événement y est découpé en autant de séquences, d'où émergent acteurs et péripéties, afin que soit recréée dans le discours la **tension dramatique** de la compétition.

1.4. ÉTUDE D'UN RÉCIT DE VENDANGES

TRANSCRIPTION D'INTERVIEW: LE RÉCIT D'UN VIGNERON

1 *j'avais une / une cousine / qu'était venue en vendanges qu'était / qui travaillait*
2 *à paris elle était couturière voyez / elle travaillait à paris p(u)is*
3 *elle avait pris avec son mari qu'est mon cousin c'est lui qu'est mon*

4 *cousin / euh / l'époque des vendanges elle avait pris <u>quin</u>ze jours pour*
5 *faire les vendanges / et à ce moment-là: / on: / on déjeunait dans / dans*
6 *les vignes le midi le midi on en / le père en venant: ramenait la voiture*
7 *p(u)isque c'était les voitures à chevaux à ce moment-là / i(l) ramenait*
8 *le manger vers <u>on</u>ze heures et demie <u>mi</u>di que ma mère avait préparé*
9 *p(u)is / alors là / <u>c'est</u> une cousine elle était <u>min</u>ce et / mais alors / elle*
10 *était rigolote quoi / alors / on a dit ben tiens on va manger mais / on s'était*
11 *dépêchés de manger parce que faut qu'on finisse la vigne / elle a dit*
12 *<u>mais</u> y en reste hein / qu'est-ce que t'en qu'est-ce que tu en penses*
13 *cousin on va finir tout ça i(l) restait un un / <u>plein</u> saladier d'haricots*
14 *verts / et p(u)is tout ça on a / à nous tous deux on s'est mis on a <u>tout</u>*
15 *fini / <u>mais le</u> soir quand elle est arrivée / elle était <u>ma</u>lade / alors on lui*
16 *a dit ben ce qu'il faudrait que tu fasses faudrait que tu tasses le / le*
17 *raisin là / pour euh / parce que c'était un pressoir avec une cage vous*
18 *savez c'est p(l)us les pressoirs que / c'était pas les pressoirs modernes*
19 *de <u>main</u>tenant / c'est c'était un pressoir avec une cage et on / on a dit*
20 *faut que / ben pour te faire la digestion / tu vas marcher sur le marc*
(RIRES)
21 *<u>mais</u> alors ce marc qu'était / qui venait d'être broyé / hein vous comprenez /*
22 *alors et e(lle) a foncé <u>de</u>dans / elle en avait jusqu'au <u>ven</u>tre / alors on*
23 *a dit voilà faut que tu tasses encore y'en a encore deux tines à mettre*
24 *faut que tu <u>tas</u>ses / alors là elle était rigolote parce que euh elle savait*
25 *qu'elle faisait ça / alors elle a dit oui <u>mais</u> après <u>hein</u> je veux du lavage*
26 *hein alors après on a pris le jet / elle a quitté ses bottes et puis on l'a*
27 *on l'a lavée au jet elle était / <u>pois</u>seuse vous savez elle avait du elle*
28 *avait du raisin jus / alors c'est une des des trucs comme ça qui se*
29 *passaient euh pendant les vendanges quoi c'était pour euh pour s'<u>a</u>muser*
30 *fallait toujours un moment de distraction hein /*

> • Dans cet extrait où un vigneron raconte une anecdote de ven-
> danges, **la cohérence** du récit est assurée par:
> — le découpage en **séquences narratives**;
> — les nombreuses traces de la présence de **l'énonciateur** dans son
> discours;
> — les **marqueurs de temporalité**;
> — les mots du discours «**puis**» et «**alors**»;
> — l'insertion d'**énoncés rapportés** dans la trame narrative.

● Le document étudié ci-dessous est un récit de vendanges qui m'a été raconté par un vigneron de Pouilly-sur-Loire. Son enregistrement a eu lieu dans la cave de l'interviewé en janvier 1979[1].

1.4.1. ORGANISATION NARRATIVE

À l'écoute, ce discours se comprend parfaitement. Comme les autres productions étudiées, il est tout à fait cohérent. Ce récit improvisé devant des visiteurs venus interroger le vigneron sur son travail et sur les vendanges repose, en premier lieu, sur une organisation narrative rigoureuse. Pour le vérifier, j'utilise le schéma narratif d'H. Isenberg, présenté par J.-F. Bourdin et P. Duhem (1972). J'ai choisi ce schéma emprunté par H. Isenberg aux travaux de W. Labov (1978) et Waletzky[2] parce qu'il a été établi à partir de narrations orales spontanées. Il se compose de cinq fonctions narratives: 1 - **orientation**, 2 - **complication,** 3 - **évaluation**, 4 - **résolution**, 5 - **morale**, qui correspondent à autant de séquences. Ce découpage se retrouve dans l'anecdote; les cinq fonctions renvoient à autant de passages différents:

I - **orientation**: «*j'avais une cousine qu'était venue en vendanges*» à «*que ma mère avait préparé*» (8).

II - **complication**: «*puis / alors là / c'est une cousine elle était mince*» à «*elle était malade*» (15).

III - **évaluation**: «*alors on lui a dit ben ce qu'il faudrait que tu fasses*» à «*tu vas marcher sur le marc*» (20).

IV - **résolution**: «*mais alors ce marc qu'était / qui venait d'être broyé*» à «*elle avait du raisin jus*» (28).

V - **morale**: «*alors c'est une des des trucs comme ça*» à «*fallait toujours un moment de distraction hein*» (30).

Ce découpage est confirmé au niveau linguistique par l'emploi de traits prosodiques et/ou de connecteurs. Le passage de la 1re à la 2e séquence est marqué par «*puis / alors là...*» (9). La seconde partie se termine sur une pause / (15). L'enchaînement entre la 2e séquence et la troisième est indiqué par alors «*alors on lui a dit*» (15); la fin de la troisième n'est soulignée par aucune marque, mais le passage de la 3e séquence à la quatrième est indiqué par «*mais alors*» (21). Une pause confirme la fin de la 5e séquence; l'enchaînement entre la 4e séquence et la 5e est marqué par «*alors*» (28): «*alors c'est une des des trucs*».

---

1. Cette interview a eu lieu grâce à l'obligeance de J. David, chargé de recherches au BELC. Qu'il en soit ici chaleureusement remercié.

2. On trouve un commentaire de ce schéma in Labov, *Le parler ordinaire*, tomes 1 et 2, Paris, Éd. de Minuit, 1978, 353 et 176 p.

1.4.2. RÔLE DES PAUSES ET ACCENTS D'INSISTANCE DANS LA COHÉRENCE DISCURSIVE

Dans cet extrait, comme dans ceux précédemment étudiés, les pauses ne sont pas nécessairement utilisées en fin d'unités phrastiques; par exemple, aucune pause n'est employée après «_paris_» (2) et dans deux cas «_un / plein saladier d'haricots verts_» et «_elle était / poisseuse_» (13 et 27), la pause sépare successivement le déterminant «_un_» de la suite du S.N. et l'auxiliaire de l'adjectif qui en dépend. Dans huit occurrences, elles soulignent l'articulation discursive: par exemple dans «_et / mais alors / elle était rigolote quoi_» (9), les pauses contribuent à indiquer le passage d'une séquence à l'autre du récit; dans «_fallait toujours un moment de distraction hein /_» la pause qui suit le mot du discours clôt le récit; dans «_qui venait d'être broyé / hein vous comprenez_» (21) la pause suit le mode d'adresse «_vous comprenez_» et souligne le rapport entre le locuteur et ses interlocuteurs. Dans 17 occurrences, elles accompagnent les hésitations du locuteur. Ces quelques remarques confirment ce qui avait été dit antérieurement sur ce trait prosodique: les pauses aident à la cohérence du discours tenu et sont également, pour le récepteur, des indications sur la présence de l'énonciateur dans sa narration et sur les rapports qu'il entretient avec ceux qui l'écoutent.

Bien qu'appartenant à un milieu socio-culturel qui n'est pas habitué au maniement de la parole, le vigneron émaille son anecdote d'accents d'insistance. Leur présence sur les substantifs permet d'attirer l'attention des auditeurs sur certaines caractéristiques de la narration. Ils sont particulièrement nombreux sur les mots désignant le personnage principal, c'est-à-dire la cousine, que ce soit pour marquer le degré de parenté qui la lie au locuteur «_elle avait pris avec son mari qu'est mon cousin_» (3), pour donner des détails sur son état physique «_mince_» (9), «_malade_» (15), «_poisseuse_» (27), ou ses actions «_elle en avait jusqu'au ventre_» (22). Ils apparaissent aussi sur les mots qui donnent les caractéristiques spatio-temporelles de l'anecdote: «_elle travaillait à paris_» (2), «_quinze jours_» (4), «_onze heures et demie midi_» (8), «_maintenant_» (19), «_dedans_» (22). Les accents d'insistance contribuent donc aussi, sans que le locuteur n'intervienne de manière explicite, à la mise en place des **temps forts** de l'anecdote.

1.4.3. ÉTUDE DE LA TEMPORALITÉ DANS LE RÉCIT — GÉNÉRALITÉS

Les formes temporelles permettent au locuteur ou au scripteur, non seulement d'ordonner chronologiquement les éléments de son discours, mais aussi d'en caractériser le déroulement et de l'apprécier en commentant les événements qu'il présente. Pour ces raisons, j'étudie successivement leurs valeurs chronologiques, aspectuelles, et modales. Mais la temporalité d'un discours ne se traduit pas par les seules formes temporelles. Elle passe également par le sémantisme des verbes utilisés, la nature des sujets syntaxiques, l'emploi de localisateurs temporels (adverbes, déictiques, groupes nominaux, propositions, etc.) et de connecteurs (du type de «*alors*»).

L'examen des **valeurs chronologiques** des formes temporelles me fait m'interroger sur les rapports entre **temps de l'énoncé** et **temps de l'énonciation** : existe-t-il une coïncidence réelle ou simulée entre les deux (présent de l'indicatif)? Y a-t-il antériorité de l'énoncé par rapport à l'énonciation (passé composé)? Absence de référence par rapport à l'énonciation (passé simple)? Sommes-nous dans le cas où le point de vue adopté n'est pas celui de l'énonciateur, mais d'un autre, dont la présence n'est pas nécessairement indiquée dans le discours, c'est-à-dire où il y a «translation» par rapport à l'énonciation (imparfait)? S'agit-il d'une forme temporelle qui relève d'une situation imaginée par le locuteur (subjonctif) ou contenant une part d'hypothèse (futur de l'indicatif)? Simultanément, j'étudie les localisateurs temporels c'est-à-dire ce que, dans une terminologie plus traditionnelle, on appelle les expressions de temps, en examinant s'ils permettent de repérer le discours par rapport au référent, à l'énoncé, ou à l'énonciation. J'analyse également le type de sujet syntaxique employé.

L'étude des **valeurs aspectuelles** implique celle des oppositions «accompli» vs «inaccompli» et celles qui ont trait au sémantisme des verbes : **action, état, inchoatif** (marquant le début d'une action), **télique** (indiquant la fin d'une action), **duratif**, ou **momentané**.

Pour les **valeurs modales**, je reprends l'opposition de H. Weinrich entre formes temporelles du **monde raconté** et du **monde commenté**[1].

---

1. E. Benveniste distingue deux groupes de formes temporelles : celles de l'histoire et celles du discours, qui marquent deux degrés d'implication différents de l'énonciateur dans les productions langagières : dans le premier, «il s'agit de la présentation des faits survenus à un certain moment du temps, sans aucune intervention du locuteur dans le récit» (E. Benveniste 1966, p. 239), alors que le deuxième, à l'inverse, traduit l'émergence de l'énonciateur dans l'énoncé. À la suite de E. Benveniste, H. Weinrich (1978) divise également les formes temporelles en deux : celles du monde raconté d'une part et du monde commenté d'autre part. Le choix d'une forme appartenant à l'un de ces groupes détermine ce que H. Weinrich appelle l'attitude de locution. À l'intérieur du monde raconté, H. Weinrich détache le phénomène de mise en relief qui permet, en quelque sorte, de placer les énoncés en perspective, en projetant au premier plan certains procès, et en en replaçant d'autres en arrière-plan. Dans les textes écrits qui constituent l'essentiel du corpus analysé par H. Weinrich, les formes temporelles se répartissent entre les deux groupes cités ci-dessus, de la manière suivante : monde commenté : présent, passé composé, futur ; monde raconté : passé simple, imparfait, plus-que-parfait.
Dans les discours oraux, la répartition entre les deux est différente. Appliquée à l'anecdote du vigneron, la distinction entre les deux groupes présente les caractéristiques suivantes : monde commenté : présent ; monde raconté : imparfait, plus-que-parfait, passé composé.
Quant à la mise en relief, H. Weinrich montre qu'elle repose, dans les textes analysés, sur l'opposition entre passé simple (1er plan) et imparfait (2e plan). Elle est souvent remplacée, à l'oral, par la distinction passé composé (1er plan) et imparfait (2e plan).

1.4.4. FORMES TEMPORELLES ET SCHÉMA NARRATIF

Dans la séquence «orientation», le locuteur ne s'implique pas directement. Les formes temporelles sont pour la plupart translatées par rapport au moment de l'énonciation : «*j'avais une cousine*» (1), «*elle avait préparé*» (8). On ne relève que deux occurrences du monde commenté : «*qu'est mon cousin*» (3 et 4). Les localisateurs temporels situent le procès par rapport au référent : «*l'époque des vendanges*» (4), «*à ce moment-là*» (7), «*vers onze heures et demie midi*» (8). Les sujets syntaxiques désignent une fois le narrateur, ainsi que les personnages du père et de la mère, et sept fois celui de la cousine. L'importance de l'ancrage référentiel associé à la précision apportée dans la présentation des personnages du récit accentue le caractère objectif de cette séquence dont le rôle est, selon Labov, «de préciser plus ou moins le moment, le lieu, les personnes concernées ou leur situation».

La séquence «complication» se caractérise par une plus grande implication du locuteur dans l'énoncé. Le moment de l'énoncé ne coïncide pas avec celui de l'énonciation, mais dans cinq occurrences, le locuteur emploie le passé composé, marque d'une antériorité par rapport à l'énonciation ; l'emploi de «*on*» qui peut être paraphrasé soit par [je + les autres membres de la famille], soit par [je + les autres vendangeurs] marque, indirectement, la présence de l'énonciateur dans le discours tenu. Certes, comme dans la séquence I, l'organisation du «monde raconté» prédomine mais elle n'est pas similaire ; dans la deuxième, l'alternance passé composé / imparfait permet un contraste dans la présentation des faits qui n'existait pas dans la séquence I. On voit se dessiner deux acteurs privilégiés : la cousine et le narrateur, et une démarcation s'opérer entre les autres membres de la famille et la cousine. Les verbes d'action qui signalent des faits inattendus sont aussi nombreux que ceux d'état et leur variété permet de mieux caractériser le déroulement du procès. On est passé de la **mise en place du cadre narratif** (séquence I) au **déclenchement de l'action**.

La séquence «évaluation» a, au plan temporel, une organisation originale : c'est celle où le locuteur est le plus directement impliqué, ce que révèlent la coïncidence par trois fois du sujet de l'énoncé et du sujet de l'énonciation, l'utilisation de l'embrayeur «*maintenant*» (19) et la prédominance des occurrences du «monde commenté» sur celles du «monde raconté». Elle se distingue aussi des autres séquences par le plus grand nombre de sujets inanimés et la présence de deux acteurs principaux : la «*cousine*» et... le «*pressoir*», ainsi que par le nombre très peu élevé de verbes d'action par rapport aux verbes d'état. Tout cela concourt à faire de cette séquence un moment de «non-progression» du point de vue narratif ; l'action est suspendue au profit de «l'évaluation», ce qui est en tous points conforme à l'intitulé et à la définition de cette séquence.

La séquence «résolution», différente de la précédente, se rapproche par sa structure temporelle de la séquence «complication»: l'énonciateur est relativement impliqué dans son discours, ce que montrent la présence de commentaires et l'emploi de «on». Le «monde raconté» l'emporte néanmoins sur le «monde commenté», de manière encore plus nette que dans la séquence «complication». Les verbes d'action sont presque aussi nombreux que les verbes d'état et la présence de verbes indiquant un procès momentané, «a foncé» (22), «a pris» (26), tend à accroître la narration aux dépens de la description.

Dans la brève séquence «morale», les formes temporelles sont, sauf une, translatées par rapport au moment de l'énonciation. Le sujet syntaxique «c» du présentatif «c'est» renvoie, sous forme anaphorique, à tout ce qui a été dit précédemment. Ce rappel, qui permet de revenir au point de départ du récit, justifie l'intitulé de la séquence.

L'étude des formes temporelles confirme le découpage narratif présenté. Chacune des cinq séquences possède une organisation temporelle qui lui est propre et qui correspond à sa dénomination et à sa fonction narrative.

1.4.5. FORMES TEMPORELLES, NARRATION ET POLYPHONIE DISCURSIVE

Comme on a pu le constater, la distribution des repères temporels suit non seulement l'organisation logique du déroulement des événements, c'est-à-dire la **narrativité** de l'anecdote, mais également sa **narration**, c'est-à-dire la manière dont le locuteur l'élabore. À première vue, **l'objectivité** paraît prédominante. Le locuteur semble se dissimuler derrière les personnages et les événements, ce que tend à prouver l'usage simultané de formes temporelles comme l'imparfait, l'utilisation quasiment nulle des embrayeurs, et le nombre limité d'occurrences où sujet de l'énoncé et sujet de l'énonciation coïncident. Mais cette tendance est compensée par l'utilisation, à l'intérieur du «monde raconté», de formes temporelles comme le passé composé dont le repérage se fait par rapport au moment de l'énonciation et par les occurrences, somme toute nombreuses, de «monde commenté», qu'il s'agisse d'interventions directes du locuteur dans son discours, ou de propos rapportés. L'étude de la temporalité fait apparaître au sein de la narration une alternance **émergence / absence du sujet énonciateur**. En conséquence, **la focalisation narrative**, c'est-à-dire le point de vue adopté par le locuteur pour la présentation du récit [1], se fait tantôt selon le point de vue des «autres», tantôt selon celui du locuteur.

---

1. Un récit peut être raconté, ou écrit, selon le point de vue du sujet énonciateur, du narrateur, et des personnages; selon les cas, la focalisation est différente. L'émergence du sujet énonciateur peut exister pendant tout le récit et même être l'objet du récit

Mais cette émergence du sujet énonciateur doit être également précisée : en effet, tantôt le locuteur est intégré à l'anecdote (« *j'avais* », « *on a dit* ») et, en tant que **narrateur**, n'est qu'un des acteurs du récit. Tantôt, il n'est que le **rapporteur** de sa propre parole ou de celle d'autrui, ce qui lui permet de donner l'illusion d'une distance entre lui et sa narration. Enfin, dans certains cas, il intervient comme **évaluateur** de sa propre production langagière : « *vous savez* » (18), « *vous comprenez* » (21), « *c'était pas les pressoirs modernes de maintenant* » (19). Ces remarques qui portent non pas sur « l'histoire », mais en quelque sorte sur le discours en cours d'élaboration, permettent de distinguer deux instances narratives différentes : celle du narrateur et de l'énonciateur. Ainsi l'étude des repères temporels conduit-elle à une approche de la polyphonie de cette anecdote : derrière le locuteur, on entend trois voix distinctes : celles du narrateur, du rapporteur et de l'énonciateur.

1.4.6. RATÉS ET «COHÉRENCE DISCURSIVE»

Pour élaborer son discours, le locuteur s'aide de plusieurs types d'hésitations : des pauses « sonores », « *euh* », associées ou non à des pauses « non sonores » : « */ euh/ l'époque des vendanges* » (4), « *elle était rigolote parce que euh elle savait qu'elle faisait ça* » (24) ; des répétitions : « *une / une cousine* » (1), « *on / on a dit* » (19) ; des ruptures de construction : « *qu'était / qui travaillait à paris* » (1), « *faut que / ben pour te faire la digestion / tu vas marcher sur le marc* » (20). Ces hésitations fonctionnent comme des cataphores discursives ; elles contribuent à la cohérence de l'anecdote, par anticipation de ce qui suit : par exemple en 17 dans « *pour euh parce que c'était un pressoir avec une cage* », « *pour euh* » annonce ce qui est dit par la suite, c'est-à-dire « *pour te faire la digestion* » ; en 6, le « *en* » de « *on en* » anticipe sur celui employé dans « *le père en venant* ». En 20, « *faut que* » annonce « *faut que tu tasses encore* » (23) et « *faut que tu tasses* » (24). L'usage simultané de plusieurs types d'hésitations est à mettre en relation avec des paramètres socio-situationnels : c'est-à-dire d'une part le caractère tout à la fois improvisé et contraint de la situation d'interview dans laquelle se trouve le locuteur et, d'autre part, les maladresses de quelqu'un qui, bien qu'habile dans l'art de raconter (ce que révèle, entre autres, la présence des nombreux accents d'insistance), n'en est pas moins guère habitué à la prise de parole en public.

Le locuteur commet plusieurs erreurs dans l'emploi des formes temporelles, que l'étude présentée ci-dessus permet d'expliquer : par exemple,

---

(cf. l'autobiographie) ou se distinguer par des remarques sur les conditions de l'énonciation. Le récit peut être aussi assumé complètement par le narrateur ou pris en charge par un acteur. Il peut y avoir à l'intérieur du récit, émergence ou non de ces trois instances que sont le sujet énonciateur, le narrateur, les personnages.

dans « *c'est plus les pressoirs que / c'était / un pressoir avec une cage* » (19) l'hésitation du locuteur qui aboutit à une modification de la forme temporelle utilisée, correspond en fait à un changement dans **l'attitude de locution**. En disant « *c'est plus les pressoirs* », le vigneron amorce un commentaire sur le pressoir utilisé pendant les vendanges ; en remplaçant le présent par l'imparfait, il introduit cet objet dans le « monde raconté » et en fait un acteur de l'anecdote au même titre que la cousine ou les autres membres de la famille. Si dans « *on s'était dépêchés de manger parce que faut qu'on finisse la vigne* », le locuteur avait respecté strictement la concordance des temps, il aurait dû dire « *on s'était dépêchés de manger parce qu'il fallait qu'on finît la vigne* » (11). L'emploi du subjonctif imparfait n'est pas envisageable dans le cadre d'une communication orale improvisée et de registre familier. Mais, même en contrevenant aux règles du « bon usage », le vigneron aurait pu employer l'imparfait de l'indicatif du verbe falloir et non pas le présent ce qui aurait donné l'énoncé suivant : « *il fallait qu'on finisse la vigne* ». En employant le présent de l'indicatif, il insiste sur le caractère habituel de cette hâte dans le travail des vendanges.

1.4.7. CONSTRUCTIONS SEGMENTÉES, DISLOCATIONS ET COHÉRENCE DISCURSIVE

On relève quatre occurrences de constructions segmentées :

1 — « *elle avait pris avec son mari qu'est mon cousin c'est lui qu'est mon cousin* » (3).

2 — « *c'est une des des trucs comme ça qui se passaient euh / pendant les vendanges quoi /* » (28 et 29).

3 — « *ce qu'il faudrait que tu fasses / faudrait que tu tasses le / le raisin là* » (16).

4 — « *tout ça on a / à nous tous deux on s'est mis on a tout fini* » (14).

Dans les quatre exemples, les constructions segmentées fonctionnent avec les opérations de détachement : extraction de « *lui* », « *truc* », « *ce qu'il faudrait que tu fasses* », reprise, par « *c'* », « *faudrait* », « *on* » et « *tout* ». En 4, la segmentation repose sur le détachement successif de deux éléments : « *tout ça* » et « *à nous tous deux* » repris par « *on* » et « *tout* ». Elles contribuent à leur manière, à la cohérence discursive : en 1, « *c'* » a une valeur anaphorique et cataphorique ; il reprend l'extrait antécédent « *qu'est mon cousin* » et anticipe sur « *lui* ». En 2, « *c'* » se substitue à l'intégralité de l'anecdote et annonce « *une des des trucs comme ça* ». En 3, « *faudrait* » reprend la relative substantivée : « *ce qu'il faudrait que tu fasses* » et annonce « *que tu tasses le / le raisin là* ». En 4, « *on* » reprend « *à nous tous deux* » et « *tout* » se substitue à « *tout ça* ». Cette substitution permet la correction de la « *faute* » que constitue l'emploi en tête de phrase du G.N. objet « *tout ça* ».

La thématisation par extraction de « *lui* », de « *des trucs* », de « *ce qu'il faudrait* », « *tout ça* » et « *à nous tous deux* », est un indice de la présence de l'énonciateur dans son discours qui signale, sans le dire, les pivots de son anecdote. Ces constructions ont aussi un rôle non négligeable au plan narratif; elles soulignent, en 3, une des parties de la séquence «évaluation»: la proposition des membres de la famille; en 4, elles renforcent le rôle des deux acteurs principaux du récit: la cousine et le narrateur; en 2, elles resituent l'anecdote à l'intérieur de l'atmosphère habituelle des vendanges.

À ces quatre occurrences de constructions segmentées, on peut ajouter un exemple de **dislocation**[1]: «*l'époque des vendanges elle avait pris quinze jours pour faire les vendanges*» où le complément de phrase «*l'époque des vendanges*» n'est relié par aucune marque syntaxique au noyau de la phrase mais est «thématisé» par son détachement.

1.4.8. ENCHAÎNEMENT DES ÉNONCÉS ET COHÉRENCE DISCURSIVE

J'étudie plus particulièrement les mots du discours «*puis*» et «*alors*», ainsi que «*ben*» et «*hein*». «*Alors*» est utilisé onze fois, «*puis*», quatre[2].

---

1. Je distingue, en ce qui me concerne, les «dislocations» des constructions segmentées proprement dites. Par exemple, dans «*moi en ce qui me concerne personnellement justement le cet immeuble où y avait un propriétaire qu'avait plusieurs immeubles dans paris et qu'en soixante euh soixante-dix-huit il a vendus (...) et qu'après ils ont / mis dehors vingt-deux locataires et que moi ils ont enfin ils ont fait tous les moyens possibles c'est-à-dire pas de gaz pas d'eau pas d'électricité (...) c'est-à-dire les travaux ça va faire exactement cinq ans que ça dure*», le locuteur, locataire dans un immeuble en rénovation, explique les pressions que lui ont fait subir les promoteurs immobiliers. En tête d'énoncé, le pronom «*moi*» est détaché et repris ensuite par «*me*»; à la fin de l'extrait le mécanisme est le même pour le S.N. «*les travaux*» et le pronom «*ça*»; en revanche, entre le S.N. «*l'immeuble*» et le S.N. «*les travaux*» qui désigne les réparations effectuées dans cet édifice, le rapprochement est d'ordre lexical et «rhétorique» (phénomène de métonymie) mais la fonction syntaxique de l'unité détachée n'est pas assurée par un élément redondant, comme c'est le cas dans les constructions segmentées étudiées ci-dessus. Pour ces raisons, je préfère réserver le terme de «dislocation» à ce type de phénomène qui joue également un rôle important dans la cohérence des discours oraux mais dont le fonctionnement est sensiblement différent de celui des constructions segmentées.

2. Pour une étude détaillée du rôle de «*alors*», je renverrai à l'article de A. Ali Bouacha: «*Alors* dans le discours pédagogique, épiphénomène ou trace d'opérations discursives?» *Langue française* n° 50, Paris, Larousse, mai 1981, pp. 39-52. A. Ali Bouacha montre que «*alors*» fonctionne: 1) comme une marque de décrochements discursifs dans le sens où il souligne l'articulation du discours en séquences et sous-séquences; 2) comme un marqueur énonciatif dans la mesure où il permet à l'énonciateur pédagogue de se situer dans le discours et de parler au nom de la communauté scientifique; 3) comme un marqueur argumentatif, dans la mesure où il souligne les différentes activités cognitives de l'énonciateur (par ex. la nécessité d'une démonstration, d'une expérimentation, les transitions à l'intérieur du discours pédagogique entre ce qui est du ressort de l'énoncé scientifique à proprement parler et ce qui est du domaine de la pédagogie et de la méthodologie). Je rappelle également pour mémoire l'article de J. Leclercq sur «*puis*» et «*alors*» dans les récits d'enfants. «*Puis et alors*» *dans le récit. Étude de conversations d'enfants de 9 ans,* Paris, CREDIF, 1970. L'auteur y distingue le rôle de «*puis*» et de «*alors*» dans le discours narratif d'une part, et dans le discours inséré d'autre part (c'est-à-dire énoncé rapporté et commentaires). Dans le discours narratif, «*puis*» a une valeur assez faible, équivalente à celle des virgules de l'écrit, et dans le discours inséré, la valeur de «*et*» ou celle de «*plus*»; «*alors*» fonctionne dans le discours narratif comme un embrayeur de récit, il a un rôle de marqueur temporel équivalent de «à ce moment-là»; dans le discours inséré, il a la double valeur de marqueur temporel et logique (à cause de, donc, en conséquence).

« *Alors* » est plus souvent que « *puis* » précédé, voire même encadré, par des arrêts de voix, créant ainsi une rupture plus importante dans le discours que ne le fait « *puis* ». Du point de vue des repères temporels, « *puis* » indique, dans une occurrence, une modification dans la mise en relief avec passage de l'arrière-plan au premier plan : « *il restait (...) et puis tout ça on a / à nous tous deux on s'est mis on a tout fini* » (13 à 15). Dans dix cas sur onze, « *alors* » est utilisé conjointement avec un changement de forme temporelle, marquant dans sept cas une variation dans l'attitude de locution, c'est-à-dire le passage du « monde raconté » au « monde commenté » et, dans trois cas, un phénomène de mise en relief. Contrairement à « *puis* » qui n'a jamais cette valeur, « *alors* » peut être « paraphrasé » par « à ce moment-là », indiquant un repérage temporel interne à l'énoncé. « *Alors* » joue aussi un rôle dans la transition entre le discours rapporté et le reste de l'énoncé. Dans quatre cas, par exemple dans « *alors / on a dit ben tiens on va manger* », « *alors* » indique le début de l'énoncé rapporté. Le passage d'une séquence à l'autre du récit est indiqué, au niveau linguistique, par l'emploi de « *puis* » et de « *alors* ». Du point de vue logique, « *puis* » souligne la simple successivité des faits rapportés. En dehors de la valeur de repère temporel envisagé ci-dessus, « *alors* » marque dans six cas, par exemple, « *elle était malade / alors on lui a dit* » (15), « *je veux du lavage hein alors après on a pris le jet* » (26), un lien de causalité entre les énoncés. « *Puis* » et « *alors* » interviennent simultanément au niveau narratif puisqu'ils soulignent le découpage séquentiel de l'anecdote, au niveau énonciatif, puisqu'ils accompagnent le repérage temporel des énoncés, et au niveau de l'organisation logique du discours.

« *Ben* » et « *hein* » sont utilisés quatre fois :
1 — « *mais y en reste hein / qu'est-ce que t'en qu'est-ce que tu en penses cousin* » (12),
2 — « *mais alors ce marc qu'était / qui venait d'être broyé / hein vous comprenez alors et elle a foncé dedans* » (21),
3 — « *alors elle a dit oui mais après hein je veux du lavage hein* » (25),
4 — « *fallait toujours un moment de distraction hein /* » (30).

Dans les quatre occurrences, « *hein* » se situe à l'intérieur des énoncés : il signale le contact établi entre locuteurs et interlocuteurs. « *Hein* » permet aussi une hiérarchisation des énoncés ; un peu à la manière des accents d'insistance, il souligne l'importance des propos tenus : « *y en reste hein* », « *qui venait d'être broyé hein* », « *je veux du lavage hein* », par rapport à d'autres éléments du discours. En 2, « *hein* » est utilisé comme expansion du G.N. thématisé « *ce marc* », membre d'une construction segmentée. Il accompagne et souligne la cohérence discursive : en 1, « *hein* » anticipe en quelque sorte sur un énoncé ultérieur, en relation de cause avec le premier : « *tout ça on a à nous tous deux on s'est mis on a tout fini* » (14 et 15) ; en 2, il permet au locuteur de reprendre, sans le dire explicitement, ce qui a été dit antérieurement « *venait d'être broyé* » (21) et d'anticiper sur la suite du récit: «*elle en avait jusqu'au ventre*» (22); en 3, la première occurrence de «*hein*» permet d'introduire l'énoncé: «*je veux du lavage*» (25); en 4, «*hein*» qui clôt le discours, renvoie l'auditeur non seulement à l'énoncé précédent, mais également à l'anecdote prise dans son intégralité. En effet, en employant «*hein*», le locuteur suppose que ses interlocuteurs et lui-même possèdent des références culturelles communes: la connaissance du travail des vignerons, l'atmosphère des vendanges...

«*Ben*» est employé trois fois:

1 — «*alors / on a dit ben tiens on va manger mais / on s'était dépêchés de manger*» (10 et 11),

2 — «*alors on lui a dit ben ce qu'il faudrait que tu fasses faudrait que tu tasses le / le raisin là*» (16 et 17),

3 — «*on a dit faut que / ben pour te faire la digestion / tu vas marcher sur le marc*» (20). Les occurrences de «*ben*» sont situées en tête d'énoncé rapporté. En situation de conversation «*ben*» est, pour reprendre l'expression de Luzzati (1982), un embrayeur de dialogue. Comme le vigneron rapporte un dialogue antérieur, son rôle essentiel est celui-ci. D'autre part «*ben*» contribue à unir les énoncés rapportés au reste de l'anecdote.

1.4.9. ÉNONCÉS RAPPORTÉS, «NON-DITS» ET COHÉRENCE DISCURSIVE

Les énoncés rapportés, qui sont au nombre de six, jouent un rôle important dans l'anecdote:

1 — «*alors / on a dit ben tiens on va manger*» (10),

2 — «*elle a dit mais y en reste hein / qu'est-ce que t'en qu'est-ce que tu en penses cousin on va finir tout ça*» (11 à 13),

3 — «*alors on lui a dit ben ce qu'il faudrait que tu fasses faudrait que tu tasses le / le raisin là*» (15 à 17),

4 — «*et on / on a dit faut que / ben pour te faire la digestion / tu vas marcher sur le marc*» (19 et 20),

5 — «*alors on a dit voilà faut que tu tasses encore y'en a encore deux tines à mettre faut que tu tasses*» (22 à 24),

6 — «*alors elle a dit oui mais après hein je veux du lavage hein*» (25).

Ils sont tous de style direct et introduits par le verbe «dire» au passé composé. Aucune pause ne sépare le verbe introducteur des propos rapportés eux-mêmes; mais dans cinq occurrences (1, 3, 4, 5, 6) sur six, le verbe «*dit*» est précédé par les connecteurs «*alors*» et «*et*»; une pause fait office de frontière entre ce verbe et le reste de l'anecdote. Quatre énoncés (1, 2, 3, 4) débutent par «les mots du discours» «*mais*» ou «*ben*»; le 6 commence par l'adverbe «*oui*» et le 5, par le présentatif «*voilà*». En 2 et 3, leur achèvement est signalé par une pause. Dans les autres cas, ce trait prosodique n'existe pas, mais les propos rapportés sont suivis de «*mais*» (occ. 1), « *mais alors* » (occ. 4), « *alors là* » (occ. 5), « *alors* » (occ. 6). Grâce à ces différentes marques, la zone d'énoncés rapportés possède une autonomie par rapport au reste de l'anecdote. Cette particularité correspond au fonctionnement des **énoncés rapportés** qui suppose une sorte de « dédoublement » de la communication (J. Authier, 1978). À la différence du discours indirect (D.I.), le discours rapporté au style direct (D.D.) est caractérisé par la distinction très nette qui est faite entre ce qui relève de la communication originale entre L et R (c'est-à-dire dans ce cas entre le vigneron et ses interlocuteurs) et celle qui est rapportée, c'est-à-dire entre l et r (la cousine et les autres vendangeurs). Cette impression d'une scission à l'intérieur de l'anecdote est renforcée par le fait que l'énonciateur, en employant le discours rapporté de style direct, paraît reproduire non seulement le signifié du discours d'origine, mais les mots eux-mêmes, c'est-à-dire le signifiant des propos antérieurs. Dans cette anecdote, les effets d'imitation sont particulièrement nets puisque le locuteur emploie des hésitations : « *qu'est-ce que t'en qu'est-ce que tu en penses cousin* » (12), « *le / le raisin là* » (16 et 17), des répétitions : « *faut que tu tasses (...) faut que tu tasses* » (23 et 24) ; en 1, 3 et 4, il utilise « *ben* », mot du discours qui, dans les conversations familières, sert « d'embrayeur discursif » ; en 2, il débute son énoncé par « *mais* », indice d'une prise de parole ; en 5, le présentatif « *voilà* » renvoie au contexte extralinguistique des propos rapportés ; en 6, il ouvre son énoncé par l'adverbe « *oui* », marque d'une réponse à une question.

L'effort de reproduction du discours permet au locuteur de faire croire aux auditeurs à **l'authenticité** de ce qui est transmis. En fait, cette **reconstitution** est une sorte de **jeu** pour l'énonciateur : l'intégrité du signifiant de l'énoncé rapporté ne garantit en rien la vérité de la parole retranscrite ; l'autonomie de la zone d'énoncés rapportés n'exclut pas des relations étroites avec le reste de l'anecdote. Ces derniers permettent en premier lieu de faire entendre les voix de la cousine et des vendangeurs. Ils jouent également un rôle dans l'organisation narrative de l'anecdote, ce qui explique les « mots du discours » qui précèdent et suivent les occurrences d'énoncés rapportés. En 1 et 3, « *alors* » souligne le passage d'une séquence narrative à l'autre : dans le premier cas, il s'agit de celui de l'orientation à la complication ; en 3, de cette dernière à l'évaluation. Les occurrences de discours rapporté (D.R.) que ces mots précèdent, constituent donc le début de chacune de ces séquences. D'autre part, en 3 et 6, « *alors* » fait la jonction entre l'énoncé précédent et celui qui suit, et fait de cet extrait de discours, c'est-à-dire l'énoncé rapporté, la conséquence de ce qui précède. L'étude des « mots du discours » qui suivent les énoncés rapportés est également significative ; en 6, « *alors* » réunit dans un rapport de conséquence l'énoncé rapporté « *je veux du lavage hein* » (25) à « *on l'a lavée au jet* » (27) ; en 1 et 4, les énoncés de D.R. suivis de « *mais* », constituent un des deux éléments mis en relation par « *mais* ». Des liens réunissent donc ces deux zones ; cependant, le D.R. au style direct et le reste de l'anecdote ne sont pas sur le même plan, mais unis dans un rapport de

hiérarchisation qui se crée aux dépens du discours rapporté au style direct. Il existe ce que J. Authier (1978) appelle un **conflit constitutif** du discours direct (D.D.); le locuteur s'efface devant l'énoncé qu'il répète textuellement et en même temps, qu'il le veuille ou non, « il tire toutes les ficelles de la situation d'énonciation qu'il rapporte et dans laquelle l'énoncé s'inscrit et prend son sens ». Il présente consciemment ou non sa version de l'événement rapporté.

Je voudrais maintenant m'interroger sur le statut de cette parole citée qu'est le D.R. au style direct et envisager les rapports qu'elle instaure entre l'énonciateur, producteur du discours, et l'énonciataire qui en est le récepteur. En faisant une citation sous forme d'énoncé rapporté au style direct, le locuteur, non seulement indique le contenu de ce qui est cité, mais produit également **un acte d'énonciation** qu'on pourrait paraphraser de cette manière: «attention, ce que je vous dis est une citation»; il insiste ainsi, non seulement sur le **dit** de son énoncé, mais également sur le **dire**. Paradoxalement donc, c'est au moment où il paraît le plus distancé par rapport à ce qu'il dit, puisqu'il semble déléguer son pouvoir d'élocution à autrui, qu'il est le plus présent. Dans ces conditions, il ne paraît guère possible que le signifié du D.R. soit égal à celui du signifié du discours d'origine, car cela supposerait qu'on laisse de côté l'acte d'énonciation que constitue la **citation**.

En employant le D.R. au D.D. et en citant donc directement autrui ou ses propres paroles, le locuteur propose un signifié commun au discours cité et au même discours non introduit comme citation, et sous-entend simultanément l'existence d'autres signifiés implicites qu'il importe aux interlocuteurs de reconstituer, en fonction du contexte et de leurs compétences socio-culturelles. Ainsi, l'énoncé rapporté: « *alors on lui a dit ben ce qu'il faudrait que tu fasses faudrait que tu tasses le / le raisin là* » (16 et 17) a-t-il comme signifié commun avec l'énoncé original «la cousine doit tasser le raisin», mais des vignerons de cette région ou des interlocuteurs ayant participé jadis à des vendanges peuvent avoir d'autres interprétations. C'est ainsi qu'au cours d'un atelier de formation, des stagiaires me rappelaient que pour entrer dans les pressoirs de ce type, les vendangeurs, autrefois, se déshabillaient entièrement. Cette interprétation, qui n'est pas posée directement, confère à l'anecdote un aspect de grosse farce paysanne qu'elle n'a pas, si on s'en tient à son signifié premier.

L'utilisation du D.R. introduit, dans la communication établie entre locuteur et récepteur, un rapport **actif** où une place est laissée au récepteur pour interpréter le discours. On peut aussi considérer que les énoncés rapportés sont, pour le locuteur, une manière déguisée de donner aux auditeurs des **instructions** leur permettant de faire la distinction entre les visées apparentes du discours: la présentation d'un authentique récit de vendanges, et celles «qu'il vise en se cachant de le faire»: faire partager à ses interlocuteurs l'humour de l'anecdote et le plaisir qu'il prend à se la remémorer et à la reconstruire. L'utilisation des énoncés rapportés permet ainsi au locuteur de paraître **se distancer** par rapport à ce qu'il dit, alors qu'il détient, en fait, tous les pouvoirs de la narration et peut introduire une **complicité** entre lui et les auditeurs, en les invitant, sans le dire, à interpréter son anecdote pour en dégager les multiples significations.

1.4.10. CONCLUSIONS

Comme les autres extraits précédemment analysés, ce récit est tout à fait cohérent. L'étude successive du schéma narratif, de deux traits prosodiques, des formes d'hésitation, des constructions segmentées et de la temporalité, en est la preuve. Les éléments linguistiques ci-dessus sont également autant d'indices qui facilitent l'interprétation du dit et du non-dit du discours et en dévoilent sa dimension polysémique.

On ne peut isoler cette anecdote de la situation de communication dans laquelle elle est produite. Dans cet échange langagier, le discours tenu est, pour le locuteur, un prétexte pour entrer en contact avec ses interlocuteurs et retenir leur attention. Pourtant, le vigneron ne s'adresse que rarement directement à ceux qui l'écoutent. Il intervient néanmoins constamment, sans le dire explicitement, en modulant son discours, en passant de la narration au commentaire, en mettant en relief, par le jeu des traits prosodiques et des formes temporelles, certains éléments par rapport à d'autres, en mettant en scène son anecdote, par l'intégration de citations à sa narration. Ainsi, l'emploi des énoncés rapportés au style direct lui permet-il simultanément de donner aux faits un cachet d'authenticité, de marquer le discours de son sceau personnel et d'interpeller implicitement ses auditeurs.

Le contact entre le vigneron et les personnes qui l'entourent passe aussi par le partage de références socio-culturelles. Pour des étrangers qui les ignoreraient, les formes linguistiques retenues ne renseignent certes pas sur le contenu de ces références, mais sont dans le discours des indices matériels qui en dévoilent l'existence et peuvent être un point de départ pour la recherche de ces implicites culturels.

1.5. ÉTUDE D'UNE CONVERSATION

TRANSCRIPTION D'UN EXTRAIT DE CONVERSATION FAMILIALE

```
 1  M     et alors / ton parrain: dis qu'est-ce que tu lui dis à ton parrain
 2        (silence) hé /
 3  P                   i(l) me reconnaît maintenant quand même
 4  M                             il m'a parlé d'auto
 5  P     i(l) me reconnaît
 6  M                        d'auto du parrain alors on ne sait pas trop on
 7  J.F.                                            ah oui les autos
 8  M     avait l'auto du parrain mais on l'avait plus eue enfin je ne
 9        sais pas
10  A          eh ben eh oui parce qu'elle a été vendue
11  J.F                                     eh ben eh oui parce qu'on
12        l'a vendue
13  A       ben voilà c'est ça hé pardi
14  J.F.                         il a été sage à la garderie I
15        ça s'est bien passé I
16  M                       il a beaucoup dormi paraît-il surtout (RIRES)
17  J.F.                                               dormi
18  M     alors i(l) passe son temps là-bas et / ii
19  P.G.                                      j'ai j'ai j'ai pas bien
20        dormir
21  J.F. t'as pas bien dormi I
22  P.G.                        non
23  M                           il a pas bien dormir (RIRES)
24  J.F.                                        qu'est-ce que
25        t'as fait I t'as fait joujou I
26  M                        il a chanté
27  J.F.                    raconte-moi
28  M                     i(l) chante très juste
29  J.F.                                     ah oui:
```

97

```
30 M                                          très très juste oui /
31      oui oui
32 J.F. m m m m
33 P.G.              petit papa noël c'est long
34 J.F.                                    si tu veux
35 M   c'est trop long
36 P.G.              c'est long
37 M                          oui parce que je lui ai dit tu
38      chanteras papa noël et il m'a dit c'est trop long
39 P.G.                                    long long long long
                                           ah oui
40 J.F.                                    bon d'accord
41 P. et puis c'est plus de saison hein maintenant / c'est noël / c'est passé
42 M              alors il a chanté frère jacques aussi ah oui /
```

• Dans cet extrait de conversation quotidienne, enregistré à l'insu des locuteurs, la **cohérence** repose essentiellement sur :
— les alternances de **tours de parole,**
— leur organisation en **séquences,**
— les marques de l'**implicite discusif** = jeu des formes personnelles, des formes temporelles, la présence d'énoncés rapportés.

1.5.1. CONDITIONS DE RÉALISATION ET SITUATION DE COMMUNICATION

Le passage étudié est extrait d'une conversation familiale, recueillie par un collègue pendant son stage au BELC en avril 1980[1] ; sa durée est de 0'55".

Les locuteurs, enregistrés à leur insu, ne sont pas gênés par la présence du micro ; ils appartiennent tous à la même famille. Ils sont cinq. Trois ont un statut familial assez facilement identifiable : le parrain (P) désigné en tant que tel, en début d'extrait ; son filleul, un petit garçon de quatre ou cinq ans (P.G.) ; la grand-mère (M) dont je connaissais les liens avec l'enfant pour l'avoir entendue dans un autre extrait de conversation[2] ; les

---

1. J. Girardet, cf. *L'oral spontané,* op. cit.

2. Cf. M. Lebre, « Mamie et petit-fils », *Le français dans le monde* n° 172, Paris, Hachette/Larousse, oct. 1980, pp. 60-64.

deux derniers participants: une jeune femme (J.F.) et une personne âgée (A) ont, avec le reste de la famille, des attaches dont j'ignore la teneur. Mis à part le parrain, alors enseignant de français à l'étranger, qui réalise l'enregistrement, j'ignore leur profession. Cet échange langagier, comme nombre de conversations quotidiennes, n'a pas d'objectifs bien définis. L'événement que constitue la présence de ce parent de passage et sa rencontre avec son filleul n'en est que le prétexte. L'improvisation en fait un discours apparemment confus et difficile à comprendre; le sens de ce type de communication s'élabore à travers les combinaisons des **tours de parole** des participants qui tissent la cohérence d'un discours, qui se présente comme **un récit** à plusieurs voix. Dans cette conversation qui ne comporte pas d'enjeux explicites, le non-dit est aussi important que le dit. Derrière un discours banal, se dessinent des enjeux sociaux marqués par la présence de formes linguistiques comme les marques personnelles, les formes temporelles, les énoncés rapportés, les mots du discours.

1.5.2. REPÉRAGE DES PARTICIPANTS ET DES TOURS DE PAROLE

Repérer à la simple écoute, le nombre de participants à une conversation est une tâche assez malaisée, surtout lorsqu'on n'y a pas soi-même assisté et/ou participé. Les voix de la «mamie» (M), du parrain (P), du petit garçon (P.G.) et de la jeune femme (J.F.) sont facilement identifiables. Mais une cinquième personne (notée A) intervient au cours de cet échange et son identification est malaisée; sa première intervention (10) est aisément reconnaissable, A: «*eh ben eh oui parce qu'elle a été vendue*» (10). Toutefois, les voix de A et de M sont assez semblables. Aussi, à la fin de l'extrait qui contient trois chevauchements, la discrimination des deux locuteurs est-elle assez difficile à opérer, et on ne sait à qui attribuer les paroles des lignes 37 et 38. Après plusieurs écoutes du passage faites par moi-même et par d'autres collègues, j'ai opté pour M en ce qui concerne l'intervention de premier plan: «*oui parce que je lui ai dit tu chanteras papa noël et il m'a dit c'est trop long*» (37 et 38) et pour A, en ce qui concerne celle d'arrière-plan: «*ah oui*» (39).

Pour l'étude des tours de parole, je distingue les interventions **d'arrière-plan** par rapport à celles de **premier plan**, et deux types de signaux qui rendent compte de l'alternance locuteur/auditeur au cours de l'échange: les tours de parole sont émis par le locuteur en fin d'intervention à l'intention des auditeurs, et les prises de parole aident les auditeurs sur le point de devenir locuteurs à leur tour, à débuter leurs énoncés. On relève huit occurrences d'interventions en arrière-plan constituées par des approbations de ce qui a été dit précédemment: «*ah oui les autos*» (7), «*ah* *ben eh oui parce qu'on l'a vendue»* (11 et 12), ou des reprises de fragments d'énoncés antérieurs: *«dormi»* (17), *«il a pas bien dormir»* (23), *«c'est long»* (36).

Toutes les interventions, sauf une: *«alors i(l) passe son temps là-bas et ii»* (18) sont constituées d'énoncés syntaxiquement achevés. En dehors de ces constructions, les locuteurs utilisent d'autres signaux de tours de parole: des pauses comme à la fin de: *«hé/»* (2), *«pardi/»* (13), des questions: *«il a été sage à la garderie* I*»*, *«ça s'est bien passé* I*»* (14 et 15), l'emploi de l'impératif présent *«raconte-moi»* (27), d'un mot du discours (*hé/2*), d'une concession: *«si tu veux»* (34). Les réactions psychologiques du locuteur, les rires et les hésitations de M: *«il a beaucoup dormi paraît-il surtout»* (16), *«alors il passe son temps là-bas / et ii»* (18), l'emploi de la modalité du non-certain: *«je ne sais pas»* (9), *«paraît-il»* (16), d'un mot au signifiant anormal *«dormir»* (20), sont également autant de marques qui peuvent faciliter les prises de parole des auditeurs.

Dans quelques cas, les prises de parole s'effectuent difficilement, soit parce que l'auditeur interpellé ne réagit pas: c'est le cas de P.G. qui ne répond pas à l'invitation que lui adresse sa grand-mère, soit parce qu'il y a concurrence entre le locuteur et l'auditeur: *«il m'a parlé d'auto d'auto du parrain»* (4 et 6) soit parce que l'auditeur a quelque mal à commencer son énoncé: *«j'ai j'ai j'ai pas bien dormir»* (19). Dans un cas enfin, les auditeurs (P.G. et J.F.) renoncent à prendre la parole et amorcent une conversation en aparté: *«long long long long»* (39), *«bon d'accord»* (40). Quelques réactions d'arrière-plan peuvent être aussi considérées comme des tentatives avortées de prise de parole: *«ah oui les autos»* (7), *«ah oui»* (29).

Les autres prises de parole ont lieu sans problème et sont facilitées par la reprise du contenu syntaxique et sémantique des interventions précédentes, par exemple: *«il a beaucoup dormi»* (M 16), *«j'ai j'ai j'ai pas bien dormir»* (P.G. 19), *«t'as pas bien dormi»* (J.F. 21), *«il a pas bien dormir»* (M 23). De manière générale, dans cette conversation qui ne contient pas d'enjeux explicites, tours et prises de parole s'enchaînent facilement.

1.5.3. UN RÉCIT À PLUSIEURS VOIX

Les propos peuvent être répartis en trois **échanges** ordonnés autour de trois thèmes qui sont autant de manières de présenter l'enfant:

1 — de *«et alors»* à *«eh pardi»*: l'auto du parrain;
2 — de *«il a été sage»* à *«il a pas bien dormi»*: le sommeil de l'enfant;
3 — de *«qu'est-ce que t'as fait»* à *«frère jacques»*: les chansons de l'enfant.

La circulation de l'information se fait dans chaque séquence à travers des phénomènes de **reprises** et de **relances**. Ce phénomène est présent dans chaque séquence. Je me contenterai d'en citer deux exemples. Dans la séquence 1, la phrase «*il me reconnaît*», peu audible par suite de la tentative de prise de parole de M, est répétée; «*d'auto du parrain*» est une reprise par M de son intervention d'arrière-plan «*il m'a parlé d'auto*» et constitue un argument nouveau en faveur de l'intervention précédente de P. L'enfant connaît son parrain puisqu'il a parlé de l'auto de ce dernier. L'assentiment de J.F. en arrière-plan «*ah oui les autos*» (7), la reprise par J.F. de l'énoncé de A «*eh ben eh oui parce qu'on l'a vendue*» relance le thème de l'auto jusqu'à sa conclusion finale: «*ben voilà c'est ça hé pardi*» (13). Dans la séquence 4, «*c'est long*» de la construction segmentée «*petit papa noël c'est long*» (33), est répété une fois par P.G. et deux fois par M; la première reprise en est une réplique presque mot à mot: «*c'est trop long*» (35); la seconde est située à l'intérieur d'un énoncé rapporté «*je lui ai dit tu chanteras papa noël et il m'a dit c'est trop long*» (37 et 38); le même adjectif est répété en arrière-plan par P.G., «*long long long*», et entraîne un argument de P à l'appui de sa thèse «*et puis c'est plus de saison*» (41).

Les échanges présentés ci-dessus sont organisés autour d'un **locuteur principal** qui a l'initiative de la parole et tient à la conserver.

Dans le premier échange (1 à 13), M est le locuteur principal. La question adressée à P.G., et à laquelle répond P pour remédier au silence de l'enfant, en est une preuve. Le chevauchement qui succède à la réponse de P (3 et 4) indique que M a l'intention de garder l'initiative de la parole.

Les interventions d'arrière-plan de A et de J.F. ne font que renforcer le rôle prééminent de M. Le second échange (14 à 23) est organisé très différemment. L'initiative de la parole revient à J.F. qui change de thème en abordant les activités de l'enfant à la garderie et invite P.G. à répondre dans le cadre conversationnel qu'elle a déterminé. Néanmoins, la réponse de M: «*il a beaucoup dormi paraît-il surtout*» (16), la reprise de «*dormi*» par J.F. sont autant d'occasions données à M de reprendre l'initiative de la parole. Mais une hésitation de cette dernière «*ii*» (18) donne à P.G. l'occasion de parler: «*j'ai j'ai j'ai pas bien dormir*» (19 et 20) et de se mettre au premier plan. J.F. l'aide dans ce rôle en s'adressant à lui «*t'as pas bien dormi I*»; la répétition, mot pour mot, mais avec une intonation ironique de ce qu'a dit l'enfant, est une manière pour M de tenter de regagner le rôle de locuteur principal.

Dans le troisième échange (24 à 42), J.F. s'efforce, à deux reprises, d'inviter l'enfant à parler. Ces deux tentatives échouent parce qu'elles sont suivies de deux répliques de M «*il a chanté*» (26) et «*il chante très juste*» (28) qui permettent à M de recouvrer ses prérogatives de locuteur principal. Elle confirme d'ailleurs ces essais par une reprise «*très très juste oui*» (30). Cette répétition permet toutefois à P.G. de tenter de reprendre l'initiative en affirmant : «*petit papa noël c'est long*» (33). Une conversation en aparté entre P.G. et J.F. est entrecoupée par la réplique de M qui, après avoir répété les mots de l'enfant «*c'est trop long*» (35), reprend le rôle de locuteur principal en expliquant dans un bref récit la réaction de l'enfant : «*oui parce que je lui ai dit*» (37). Cette nouvelle initiative de la grand-mère donne lieu à un bref échange, en arrière-plan, entre J.F. et P.G. «*long long long long ah oui bon d'accord*» (39 et 40). La prise de parole de P : «*et puis c'est plus de saison hein maintenant*» (41) relègue M au second plan ; celle-ci continue néanmoins le récit amorcé : «*alors il a chanté frère jacques aussi ah oui*» (42). Ainsi des propos d'apparence banale révèlent-ils un non-dit discursif concernant le droit à la parole de chacun des participants. Une brève étude des marques personnelles, des formes temporelles, des énoncés rapportés et de quelques mots du discours en apporte la confirmation.

1.5.4. COHÉRENCE ET NON-DIT DISCURSIF

L'utilisation alternée des pronoms «*je-tu-il*» tend à montrer que l'une des personnes présentes, en l'occurrence l'enfant, est tantôt un des participants à la conversation au même titre que les autres, tantôt le «héros» involontaire du discours construit par les adultes. L'échange 1 débute par une intervention de la grand-mère qui, s'adressant à l'enfant sur le mode du «*tu*», l'invite à prendre la parole et à dialoguer avec son parrain. P.G. ne répondant pas à cette invitation se place au début, de lui-même, hors de la conversation des adultes et devient, de ce fait, l'objet de leur échange langagier. Dans les échanges 2 et 3, P.G. est désigné tour à tour par «*tu*» et par «*il*». Dans sa première intervention, J.F. utilise «*il*» pour parler de P.G. : «*il a été sage à la garderie* I *ça s'est bien passé* I» (14 et 15). Dans sa réponse : «*il a beaucoup dormi*» (16), M utilise le même pronom, mais à la différence de J.F. qui tente à plusieurs reprises de nouer un dialogue avec P.G. : «*t'as pas bien dormi* I» (21), «*qu'est ce que t'as fait* I» (24 et 25), «*si tu veux*» (34), M maintient l'emploi de «*il*» continuant, tout au long de la conversation, à parler au nom de son petit-fils, l'écartant inconsciemment d'un contact immédiat avec autrui. L'étude d'une des occurrences de «*on*» est, à cet égard, assez significative. Dans «*on ne sait pas trop*» (6), «*on*» peut soit désigner P.G. dont on rapporterait les propos, soit indiquer l'opinion de M sur les dires de son petit-fils. Cette ambiguïté révèle, à sa manière, l'emprise de M sur P.G. Ce jeu des marques personnelles dévoile peut-être un des enjeux possibles de cette conversation : M présente P.G. à P, invite P.G. à converser avec lui, mais cette présentation n'est pour elle qu'une occasion de montrer les rapports privilégiés qu'elle entretient avec l'enfant. L'étude des deux passages où la grand-mère fait usage des énoncés rapportés semble aller dans ce sens.

À deux reprises, M rapporte des propos qu'elle attribue à son petit-fils. Dans «*je lui ai dit tu chanteras papa noël et il m'a dit c'est trop long*» (37 et 38), l'énoncé rapporté a une structure identique à ceux utilisés par le vigneron dans son récit. L'utilisation du D.D. permet à M de faire croire à ses interlocuteurs qu'elle rapporte exactement ce que lui a dit son petit-fils et la «distancie» par rapport à son énoncé, en créant une zone «autonome» entre les propos de son petit-fils et le reste de la conversation. En fait, il existe des relations entre le D.D. et la suite de l'échange langagier : en rapportant les propos antérieurs de l'enfant, M dévoile la mise en scène préparée pour la venue du parrain : en expliquant les propos et le comportement de P.G., M parle à sa place et réaffirme indirectement son rôle de locuteur principal. De la ligne 4 à la ligne 6, M rapporte également des propos de son petit-fils mais elle le fait très différemment. Dans «*il m'a parlé d'auto d'auto du parrain alors on ne sait pas trop on avait l'auto du parrain mais on l'avait plus eue*» (4 à 8), M utilise «*parler*» au passé composé, suivi de «*de*» + G.N. qui donne le thème des propos de P.G. et du commentaire de la grand-mère «*on ne sait pas trop*» (6), ce qui provoque apparemment une fusion entre les propos de la grand-mère et ceux de son petit-fils. Mais l'utilisation de l'imparfait et du plus-que-parfait, «*on avait l'auto du parrain mais on l'avait plus eue*», introduit une rupture qui fait entendre une voix autre que celle de M et qui ne peut être attribuée qu'à P.G. Ce changement de forme temporelle non précédé d'une marque de subordination fait que l'on peut attribuer à ce passage le caractère d'un discours indirect libre dont la présence, d'après J. Authier (1978, p. 80), n'est marquée par aucune forme syntaxique systématique, mais qui permet au récepteur d'entendre, derrière les propos de la personne qui parle, un second discours en rapport avec le premier. Dans ce cas, il s'agit de P.G. dont, paradoxalement, bien que les propos rapportés ne soient pas au discours direct, la voix est peut-être plus «audible» que précédemment.

Les formes temporelles utilisées au cours de la conversation sont le présent de l'indicatif, le passé composé, l'imparfait, le plus-que-parfait de l'indicatif et une occurrence d'impératif présent. Cette dernière est utilisée par J.F. pour s'adresser à P.G. et tenter de le faire participer à la conversation, donnant ainsi au verbe une **force perlocutoire**. Dans un cas, le présent de l'indicatif souligne un mode d'adresse «*qu'est-ce que tu lui dis*» (1); dans trois autres occurrences, sa présence traduit une évolution de l'échange qui est en train de se dérouler : «*il me reconnaît*» (3), «*il me reconnaît*» (5), «*c'est ça hé pardi*» (13). Employé en alternance avec le passé composé, il permet de faire une démarcation entre monde commenté, comme par exemple : «*on ne sait pas trop*» (6), «*il passe son temps*» (18) et monde raconté : «*il m'a parlé d'auto*» (4), «*il a beaucoup dormi*» (16)... L'emploi de «*il chante*» (28) après «*il a chanté*» coïncide aussi avec le passage de la narration proprement dite à une demande implicite adressée à l'enfant «*chante mon petit*», qui fait partie du «programme» prévu pour la rencontre avec le parrain. La force perlocutoire de ce présent est d'ailleurs confirmée par la déclaration de l'enfant : *« petit papa noël c'est long »* (33) qui montre qu'il a parfaitement compris la signification des propos de M et qu'il réagit en conséquence.

Lors de la conversation, les locuteurs emploient quatre fois *« alors »*. Dans trois cas, *« alors »* a les mêmes valeurs que dans le récit du vigneron, mais dans *« et alors / dis qu'est-ce que tu lui dis à ton parrain* I », il met en relation, implicitement, l'énoncé produit avec ses conditions de réalisation et sa situation de communication ; il est utilisé par M pour inviter les participants, et plus précisément P.G., à agir et parler conformément aux usages imposés par les circonstances : l'enfant doit converser avec son parrain.

« Ben » a également un rôle qui tient aux circonstances de sa production : s'il marque un lien de conséquence avec les énoncés antécédents, il est surtout employé par les différents locuteurs pour faciliter leur prise de parole. *« Hé »*, qui est utilisé deux fois, se rapproche par ses valeurs de *« hein »* ; dans *« ben voilà c'est ça hé pardi »* (13), il souligne indirectement l'assertion du locuteur, et dans *« et alors / dis qu'est-ce que tu lui dis à ton parrain* (silence) *hé »*, il est aussi une façon d'inviter P.G. à adopter la conduite appropriée à la situation où il se trouve c'est-à-dire à parler.

1.5.5. CONCLUSIONS

Dans cet extrait de conversation qui est une sorte d'échantillon de **parler ordinaire**, j'ai pu montrer une fois encore sur quoi reposait la cohérence d'un discours oral. Au cours de cet échange où le tissu de tours de parole constitue une sorte de récit à plusieurs voix, il n'y a pas, contrairement à d'autres situations, d'affrontements langagiers. Le prétexte pour les prises de parole est assez mince ; mais, comme le fait remarquer F. Flahaut (1979, p. 78), « il offre à un discours l'occasion de s'exercer. L'événement qui provoque le discours fait, comme on dit, l'actualité, mais ce qu'il actualise surtout, c'est tous ceux auxquels il fournit l'occasion d'énoncer ce discours ». Au-delà des efforts pour conquérir le droit à la parole, on voit s'esquisser ce qu'il conviendrait d'appeler une **mise en scène de la vie quotidienne**, avec ses **conventions sociales** et ses **acteurs** : la grand-mère jalouse des rapports affectifs privilégiés qu'elle entretient avec son petit-fils, le petit garçon un peu intimidé par la présence de « l'étranger », à la fois heureux et agacé d'être objet d'attention, le parrain affectueux mais un peu perdu dans cette famille qu'il reconnaît mal.

1.6. CONCLUSIONS ET MISE EN TABLEAUX
DES DÉMARCHES

Dans chacun des extraits étudiés, une ou des caractéristiques linguistique(s) joue(nt) un rôle plus important que les autres, pour la cohérence discursive:

1 — Dans le bulletin d'informations, il s'agit de la prosodie.

2 — Dans l'interview du loueur de skis, les ratés langagiers, la nécessité pour comprendre l'organisation du discours de faire éclater l'unité phrastique et les mots du discours, particulièrement «*ben*», contribuent fortement à l'organisation de la prise de parole.

3 — Dans la retransmission en direct du reportage sportif, la prosodie et une construction syntaxique spécifique: SN + P (relative), sont primordiales.

4 — Dans le récit du vigneron, les marques de la temporalité, les énoncés rapportés, les mots du discours: «*puis*», «*alors*», et «*mais*», doivent être interrogés en priorité.

5 — Dans la conversation familiale, ce sont les marqueurs de tours et prises de parole qui sont les révélateurs de la cohérence et des enjeux sociaux implicites de ce fragment de discours quotidien.

Dans chacun des documents, des relations existent entre le découpage macrotextuel et l'emploi d'unités linguistiques dites microtextuelles qui ne font que confirmer le premier niveau d'organisation: dans le bulletin d'informations, la distinction entre flashes et commentaires est confortée par l'étude des unités phrastiques et discursives des deux parties A et C; le découpage en séquences de l'interview du loueur de skis, du reportage sportif en direct, du récit du vigneron, est confirmé de la même manière.

Chacune des entrées linguistiques a un rôle dans la stratégie argumentative du locuteur, que celle-ci soit explicite ou implicite et produite de manière consciente ou inconsciente par le locuteur-énonciateur. Dans le bulletin d'informations, la prosodie joue un rôle important dans la mise en scène des événements. On a pu noter aussi une différence entre l'argumentation implicite des flashes et celle plus explicite des commentaires. Dans l'extrait de l'émission *Vécu*, le loueur de skis développe des arguments qui reposent sur l'utilisation d'une sorte de rhétorique de l'oral spontané et sur la confrontation implicite de son point de vue sur le développement de la station avec d'autres discours sur le même sujet. Dans le reportage sur l'arrivée du Tour de France, l'effort du journaliste tend, à travers — entre autres — la prosodie et l'emploi obstiné d'une construction syntaxique, à capter l'attention des auditeurs. Dans le récit de vendanges, le vigneron utilise sa narration pour créer une forme de complicité avec ceux qui l'écoutent, en «orientant» la réception de ses auditeurs (à travers principalement la temporalité et l'utilisation des énoncés rapportés). Dans la conversation familiale, les marqueurs de tours et prises de parole laissent entrevoir une conquête pour le droit à la parole, pour une place prédominante, qui révèle en creux des enjeux sociaux et une mise en scène de la vie quotidienne.

Les unités linguistiques retenues marquent l'influence des conditions de réalisation et de la situation de communication sur la structure discursive des passages analysés. Dans le bulletin d'informations, par exemple, la répartition des accents d'insistance permet la création de noyaux informatifs propres à mieux construire le journal qui est présenté. Dans l'émission *Vécu*, l'apparente désorganisation du discours correspond aux conditions de réalisation de l'interview. Dans le reportage sportif, la construction pivot employée s'explique par des impératifs tenant à l'élaboration d'un discours en direct et à la nécessité de retenir l'attention des auditeurs. Dans le récit du vigneron, les accents d'insistance sont la marque de l'habileté du conteur et les ratés langagiers celle d'une certaine gêne en situation d'interview. Dans la conversation familiale, l'organisation est celle d'un discours recueilli à micro caché et indique, comme je l'ai expliqué ci-dessus, les finalités sociales de l'événement.

BULLETIN D'INFORMATION

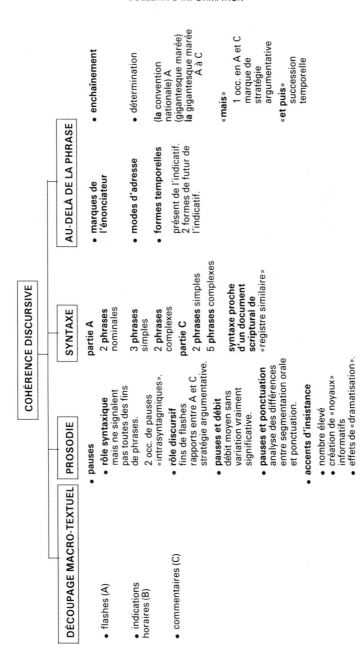

INTERVIEW DU LOUEUR DE SKIS

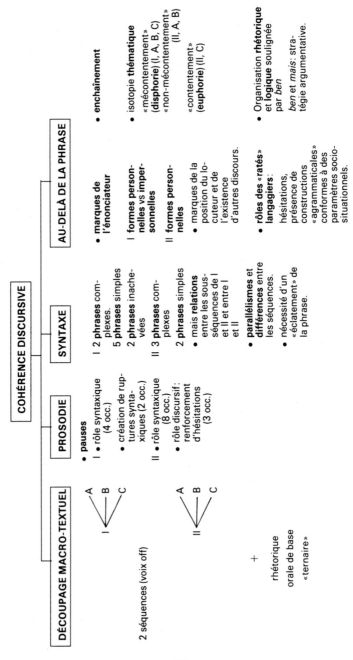

COHÉRENCE DISCURSIVE

DÉCOUPAGE MACRO-TEXTUEL

A
B
C
I

2 séquences (voix off)

A
B
C
II

+

rhétorique
orale de base
« ternaire »

PROSODIE

• pauses

I • rôle syntaxique (4 occ.)
• création de ruptures syntaxiques (2 occ.)

II • rôle syntaxique (8 occ.)
• rôle discursif : renforcement d'hésitations (3 occ.)

SYNTAXE

I 2 **phrases** complexes.
5 **phrases** simples
2 **phrases** inachevées

II 3 **phrases** complexes
2 **phrases** simples

• mais **relations** entre les sousséquences de I et II et entre I et II

• **parallélismes et différences** entre les séquences.
• nécessité d'un « éclatement » de la phrase.

AU-DELÀ DE LA PHRASE

• **marques de l'énonciateur**

I **formes personnelles vs impersonnelles**

II **formes personnelles**

• marques de la position du locuteur et de l'existence d'autres discours.

• **rôles des « ratés » langagiers** : hésitations, présence de constructions « agrammaticales » conformes à des paramètres sociosituationnels.

• **enchaînement**

• isotopie **thématique**
« mécontentement » (**disphorie**) (I, A, B, C)
« non-mécontentement » (II, A, B)
« contentement » (**euphorie**) (II, C)

• Organisation **rhétorique** et **logique** soulignée par *ben*
ben et *mais* : stratégie argumentative.

ARRIVÉE DU TOUR DE FRANCE

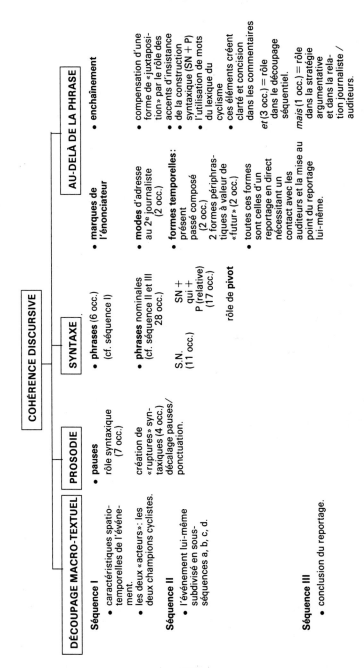

COHÉRENCE DISCURSIVE

DÉCOUPAGE MACRO-TEXTUEL

Séquence I
- caractéristiques spatio-temporelles de l'événement.
- les deux «acteurs»: les deux champions cyclistes.

Séquence II
- l'événement lui-même subdivisé en sous-séquences a, b, c, d.

Séquence III
- conclusion du reportage.

PROSODIE

- **pauses**
  rôle syntaxique (7 occ.)

  création de «ruptures» syntaxiques (4 occ.)
  décalage pauses/ponctuation.

SYNTAXE

- **phrases** (6 occ.)
  (cf. séquence I)

- **phrases** nominales (cf. séquence II et III 28 occ.)

  S.N. (11 occ.)

  SN + qui + P (relative) (17 occ.)

  rôle de **pivot**

AU-DELÀ DE LA PHRASE

- **marques de l'énonciateur**

- **modes** d'adresse au 2e journaliste (2 occ.)

- **formes temporelles:**
  présent
  passé composé (2 occ.)
  2 formes périphrastiques à valeur de «futur» (2 occ.)

- toutes ces formes sont celles d'un reportage en direct nécessitant un contact avec les auditeurs et la mise au point du reportage lui-même.

- **enchaînement**

- compensation d'une forme de «juxtaposition» par le rôle des accents d'insistance

- de la construction syntaxique (SN + P)
- l'utilisation de mots du lexique du cyclisme
- ces éléments créent clarté et concision dans les commentaires

  et (3 occ.) = rôle dans le découpage séquentiel.

  mais (1 occ.) = rôle dans la stratégie argumentative et dans la relation journaliste / auditeurs.

RÉCIT DU VIGNERON

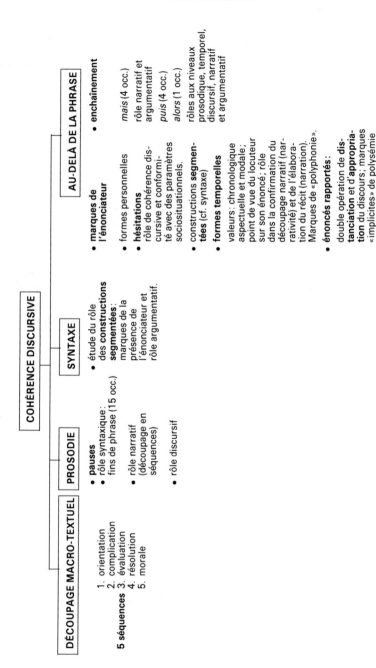

COHÉRENCE DISCURSIVE

DÉCOUPAGE MACRO-TEXTUEL

5 séquences
1. orientation
2. complication
3. évaluation
4. résolution
5. morale

PROSODIE

- **pauses**
- rôle syntaxique : fins de phrase (15 occ.)
- rôle narratif (découpage en séquences)
- rôle discursif

SYNTAXE

- étude du rôle des **constructions segmentées** : marques de la présence de l'énonciateur et rôle argumentatif.

AU-DELÀ DE LA PHRASE

- **enchaînement**

  mais (4 occ.)
  rôle narratif et argumentatif
  puis (4 occ.)
  alors (1 occ.)
  rôles aux niveaux prosodique, temporel, discursif, narratif et argumentatif

- **marques de l'énonciateur**
- formes personnelles
- **hésitations**
  rôle de cohérence discursive et conformité avec des paramètres sociosituationnels.
- constructions **segmentées** (cf. syntaxe)
- **formes temporelles**
  valeurs : chronologique aspectuelle et modale ; point de vue du locuteur sur son énoncé ; rôle dans la confirmation du découpage narratif (narrativité) et de l'élaboration du récit (narration). Marques de « polyphonie ».
- **énoncés rapportés** :
  double opération de dis-tanciation et d'appropria-tion du discours ; marques « implicites » de polysémie discursive ; rôle dans « l'orientation » de l'interprétation.

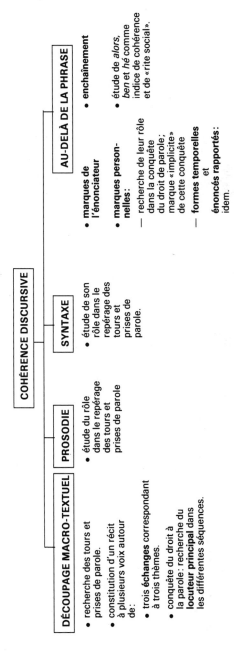

CHAPITRE 2

LES « DOUBLETS »

L'analyse des **doublets** (cf. la définition que j'en donne p. 14) présente selon moi deux avantages. L'étude de documents de référents similaires fait émerger les spécificités de l'oral et du scriptural et permet d'étudier les opérations de **transcodage**, c'est-à-dire les transformations qui affectent deux discours lorsque la transmission d'un message implique le choix successif de l'oral et du scriptural. Demander par exemple aux apprenants, après écoute d'une interview, de rédiger un article de journal sur le même sujet, implique une adaptation de la production aux changements dans les conditions de réalisation et la situation de communication, ainsi que la maîtrise des restructurations discursives dues au transcodage de l'oral vers le scriptural. L'analyse prépédagogique des quatre documents présentés me permet de proposer des hypothèses sur le fonctionnement de ces opérations.

2.1. LE DISCOURS DU « BON CHOIX »

Le 29 janvier 1978, à Verdun-sur-le-Doubs, à l'occasion des futures élections législatives, V. Giscard d'Estaing prononçait une allocution que la mémoire collective a retenu sous le nom de discours du « bon choix ». Je propose une étude sur un extrait de l'émission de radio qui rendait compte, en direct, de l'événement et sur un passage du quotidien *Le Monde* qui, le lendemain, le reproduisait dans son intégralité. Les deux documents sont strictement identiques du point de vue syntaxique et sémantique, les différences ne portent que sur l'utilisation de la ponctuation. au scriptural, et des traits prosodiques, à l'oral ; ainsi, la spécificité de chacun des deux systèmes est-elle directement perceptible. Je ne retiendrai que deux traits prosodiques : les pauses et les accents d'insistance.

TRANSCRIPTION D'UNE ALLOCUTION POLITIQUE

1 *mes chères françaises et mes chers français / (BRUITS) mes chères françaises*
2 *et mes chers français / le moment s'approche / où vous allez faire / un*
3 *choix capital / pour l'avenir de notre pays / mais / aussi[1] / un choix*
4 *capital pour vous / je suis venu / vous demander / de faire le bon*
5 *choix / pour la france (BRUITS) ce choix / c'est celui des élections*

---

1. [mez'/osi]

6 *législatives / <u>certains</u> / en les voyant venir: paraissent / presque les*
7 *regretter / comme si: tout serait plus <u>sim</u>:ple / si les français*
8 *n'avaient pas à se décider / et si l'on pouvait décider pour <u>eux</u> /*
9 *<u>mais</u> puisque nous sommes en démocratie / puisque c'est <u>vous</u>*
10 *qui avez la parole / puisque c'est vous qui déciderez / il faut bien*
11 *mesurer / la gravité du <u>geste</u> / <u>trop souvent</u> / en <u>france</u> / les élec-*
12 *teurs se prononcent comme s'il s'agissait de / <u>vider</u> une querelle*
13 *avec le pouvoir / ou de <u>punir</u> le <u>gouvernement</u> / c'estˆ/ une¹ fausse*
14 *conception / le jour de l'élection / vous ne serez pas de simples <u>passa</u>-*
15 *gers / qui peuvent se contenter de critiquer le cha<u>uffeu</u>:r / mais*
16 *vous serez des conducteu:rs / qui peuvent selon le <u>geste</u> qu'ils*
17 *feront / envoyer la voiture dans le <u>fossé</u> / ou la <u>maintenir</u> sur*
18 *la ligne d<u>roite</u> / il s'<u>agit</u> / <u>de</u> ch<u>oisir</u> / <u>votre propre a</u>venir /*

«Mes chères Françaises et mes chers Français, le moment s'approche où vous allez faire un choix capital pour l'avenir de notre pays mais aussi un choix capital pour vous. Je suis venu vous demander de faire le bon choix pour la France. Ce choix, c'est celui des élections législatives. Certains, en les voyant venir, paraissent presque les regretter, comme si tout serait plus simple si les Français n'avaient pas à se décider et si l'on pouvait décider pour eux. Mais, puisque nous sommes en démocratie, puisque c'est vous qui avez la parole, puisque c'est vous qui décide-rez, il faut mesurer la gravité du geste. Trop souvent, en France, les électeurs se prononcent comme s'il s'agissait de vider une querelle avec le pouvoir, ou de punir le gouvernement. C'est une fausse conception. Le jour des élections vous ne serez pas de simples passagers qui peuvent se contenter de critiquer le chauffeur. Mais vous serez des conduc-teurs qui peuvent, selon le geste qu'ils feront, envoyer la voiture dans le fossé ou la maintenir sur la ligne droite.

Il s'agit de choisir votre propre ave-nir. »

Le Monde, 29-30 janvier 1978

Dans le premier doublet, les différences qui existent entre le document **oral** et le document **scriptural** tiennent:
— à l'écart existant entre la **segmentation** orale assurée par les pauses à l'oral et celle opérée par la ponctuation à l'écrit,
— à l'absence dans le document scriptural de **traits prosodiques** comme les accents d'insistance qui, dans ce document, sont sans équivalent scriptural, puisqu'il ne contient aucun commentaire ni typographie spécifique.

1. [setˆ/yn]

2.1.1. PROSODIE ET PONCTUATION

Dans le tableau donné en annexe, je compare les signes de ponctuation et les pauses en envisageant successivement les cas où:
A — il existe des correspondances entre les deux systèmes;
B — les pauses sont sans équivalent à l'écrit;
C — les signes de ponctuation n'ont pas de correspondant à l'oral.

A — Ponctuation = prosodie.

Le discours étant, sinon lu, du moins rédigé avant d'être prononcé, l'orateur utilise, à chaque fin de phrase, des pauses qui sont les équivalents des points de la ponctuation. De la même manière, les virgules des textes écrits ont toutes pour équivalent une pause orale. Toutes les pauses qui correspondent à une ponctuation de l'écrit ont, dans ce type de discours, un rôle syntaxicosémantique.

B — Rôle des pauses qui sont sans équivalent dans le texte écrit.

Lorsque des pauses sont employées alors qu'il n'existe pas de ponctuation à l'écrit, elles peuvent souligner une construction syntaxique; exemple: « *le moment s'approche / où vous allez faire un choix capital* » (2). Mais très souvent elles vont à l'encontre de l'organisation syntaxique habituelle: «*allez faire / un choix capital*» (2), «*il faut bien mesurer / la gravité du geste*» (11); dans ces deux occurrences, les pauses instaurent une coupure à l'intérieur du S.V. entre V. et C.O.D. Ces pauses qui ne respectent pas le découpage syntaxique, ont un rôle sémantique; elles accentuent certains des noyaux informatifs essentiels de l'allocution: le choix: «*le choix / capital*» (2), «*choisir / votre propre avenir*» (18); son importance: «*mesurer / la gravité*» (11).

C — Ponctuation sans pause.

Dans deux occurrences, « *mais* » (9) et «*peuvent*» (15), la virgule de l'écrit est sans correspondant à l'oral. Toutefois cette absence est compensée dans un cas: «*mais*», par la présence d'un accent d'insistance.

2.1.2. LES ACCENTS D'INSISTANCE

L'étude de la répartition des accents d'insistance est importante parce qu'elle est sans équivalent dans le document écrit. Leur emploi sur les substantifs contribue à la création des noyaux informatifs tels que le gouvernement et l'intérêt du pays, la comparaison de type métaphorique de la conduite des affaires gouvernementales avec celle d'une voiture. Leur usage sur les déterminants, pronoms, adverbes et prépositions aide aussi à la formation de tels noyaux. Exemple: les accents sur «*je*», «*vous*» et «*mes*» dans «*je suis venu / vous demander*» (4) et «*mes chères françaises*» (1) renforce le thème du lien personnel existant entre les Français et le président de la République. L'accent placé sur «*certains*» (6) est une manière indirecte de désigner les adversaires du président de la République et celui sur «*eux*» (8), pronom désignant les Français, souligne une opposition binaire entre d'une part, le couple «*je*» / «*vous*» (4) c'est-à-dire le Président et les Français et, d'autre part, l'absence de lien entre les partis d'opposition et les citoyens. Parallèlement à cette hiérarchisation de type **syntagmatique**, se crée une hiérarchisation **paradigmatique** entre les mots choisis et ceux qui ne le sont pas, ce qui permet d'opposer par exemple : le bon choix au mauvais choix, le lien à la rupture de lien, la conduite infantile à la conduite responsable.

Cette forme de mise en relief suggère ainsi un non-dit qui donne au discours sa force argumentative et sa dimension polyphonique. Cette orientation argumentative est explicitement marquée par l'accent d'insistance sur «*mais*» (9) qui joue le rôle de **redresseur argumentatif**. Le locuteur affirme que «*certains voudraient décider à votre place*», les récepteurs pourraient en conclure qu'il y a danger ; mais la proposition suivante : «*puisque nous sommes en démocratie [...] c'est vous qui déciderez*» infirme cette conclusion et exhibe l'opposition «démocratie» vs «absence de démocratie», la première étant, selon le locuteur, le fait du Président en exercice, et la seconde celui des partis de gauche. Le rythme syncopé et l'effet de martèlement créé par le double jeu des pauses et des accents d'insistance dans la phrase «*il s'agit / de choisir / votre propre avenir*» (18) sont une illustration de cette force argumentative.

La distribution des accents d'insistance sur les pronoms «*certains*», «*vous*», et «*je*» laisse transparaître la polyphonie discursive :

«*je*» désigne simultanément   1) l'énonciateur faisant son discours
                                2) le président de la République
                                3) le «démocrate»
                                4) l'homme politique de droite

«*vous*» désigne   1) les auditeurs
                                2) les auditeurs potentiels
                                3) l'ensemble des Français
                                4) les partisans de l'homme politique

«*certains*» désigne   1) un groupe «indéfini»
                                2) des adversaires de la démocratie
                                3) les partis de gauche

2.1.3. CONCLUSIONS

Dans ce premier doublet l'opération de transcodage montre le **décalage** existant entre la **segmentation orale** et la **ponctuation de l'écrit**. Elle montre aussi la force argumentative d'un discours oral. La transposition à l'écrit, au seul niveau segmental, sans que soit pris en compte le rôle de la prosodie, ne peut absolument pas faire apparaître la stratégie argumentative du locuteur. Pour que celle-ci soit rendue, il faudrait que le journaliste utilise des caractères typographiques spécifiques et/ou des commentaires sur les propos tenus par le locuteur. Dans le cas étudié, les **arguments** privés de cette force se changent en simples **événements** de la vie politique française.

2.1.4. ANNEXE : TABLEAU COMPARATIF DES PAUSES ET DE LA PONCTUATION

PAUSES	PONCTUATION
pauses — *pour vous /*	points — pour vous.
— *france /*	— France.
— *élections législatives /*	— législatives.
— *pour eux /*	— pour eux.
— *du geste /*	— du geste.
— *gouvernement /*	— gouvernement.
— *fausse conception /*	— fausse conception.
— *chauffeur /*	— chauffeur.
— *ligne droite /*	— ligne droite.
pauses	virgules
— *mes chers français /*	— mes chers Français,
— *ce choix /*	— ce choix,
— *certains /*	— certains,
— *en les voyant venir /*	— en les voyant venir,
— *regretter /*	— regretter,
— *mais ∅*	— mais,
— *démocratie /*	— démocratie,
— *parole /*	— parole,
— *déciderez /*	— déciderez,
— *trop souvent /*	— trop souvent,
— *en france /*	— en France,
— *le pouvoir /*	— le pouvoir,
— *qui peuvent ∅*	— qui peuvent,
— *feront /*	— feront,

PAUSES	ABSENCE DE PONCTUATION
— *le moment s'approche /*	— le moment s'approche ∅
— *mais / aussi / un choix capital pour vous /*	— mais ∅ aussi ∅ un choix capital ∅ pour vous
— *je suis venu / vous demander / de faire le bon choix / pour l'avenir*	— je suis venu ∅ vous demander ∅ de faire le bon choix ∅ pour l'avenir
— *paraissent / presque les regretter*	— paraissent ∅ presque les regretter
— *mesurer / la gravité*	— mesurer ∅ la gravité
— *comme s'il s'agissait de / vider une querelle*	— comme s'il s'agissait de ∅ vider une querelle
— *il s'agit / de choisir / votre propre avenir /*	— il s'agit ∅ de choisir ∅ votre propre avenir

2.2. ÉTUDE D'UN EXTRAIT DE L'ÉMISSION *RADIOSCOPIE* ET DU LIVRE *RADIOSCOPIE* DE J. CHANCEL

DOCUMENT n° 1 : Extrait du livre *Radioscopie* de J. Chancel.

J.C. — Quelle était cette commune?

S.F. — Nailhac. J'y suis toujours. Je suis revenu parce que mes camarades m'ont réclamé. Je suis leur maire. Ce village m'est très cher. J'ai eu là ma première chance extraordinaire : un instituteur merveilleux qui avait compris mieux que tout autre que j'avais beaucoup d'aptitudes à apprendre à l'école... J'étais à peu près toujours le premier. En ce temps-là, il fallait absolument avoir douze ans révolus pour aller au certificat d'études. Je suis du 28 septembre et on passait ce certificat dans la première semaine de juillet... Il me manquait donc deux mois pour pouvoir me présenter... C'était terrible parce que j'étais prêt... Et bien meilleur même que les autres de ma classe qui avaient atteint ces fameux douze ans. Alors, l'instituteur est allé trouver mon père. Il lui a dit : « Tu sais que je peux avoir une bourse pour Sylvain... On va l'envoyer à Périgueux. Il est important que ton fils n'abandonne pas ses études... » Surpris, inquiet surtout, papa a répondu : « Mais je n'ai pas les moyens de lui acheter des habits... Il faut l'habiller... » Mon instituteur a tourné la difficulté : « Écoute, a-t-il dit, on va faire autre chose. Il faut, pour Sylvain, deux livres de cours supérieur. Ça coûte 3 francs 50... Ça, tu peux le faire?... » Et papa d'assurer : « Tout à fait d'accord. » Le cher instituteur a expliqué alors : « Chaque soir, après le certificat d'études, je lui donnerai une heure de cours supérieur. » C'était merveilleux, extraordinaire. Indiscutablement, cet homme a marqué toute ma vie. Et je me suis souvent posé la question : « Est-ce qu'il y a encore des gens comme ça?... » Je regrette qu'il soit mort trop tôt, qu'il ne m'ait pas vu dans mon ascension. Il aura eu toutefois la satisfaction à la fin de sa vie de rencontrer le sous-officier que j'étais devenu dans l'armée.

DOCUMENT n° 2: La colonne de gauche (ORAL) contient la transcription d'un extrait de l'émission de Jacques Chancel; le texte de la colonne de droite (ÉCRIT) est extrait du livre de Jacques Chancel: *Radioscopie.*

ORAL	ÉCRIT
1 *quelle était cette commune /*	Quelle était cette commune?
2 *nailhac où je suis maire /*	Nailhac.
3 *j'y suis toujours j'y suis revenu*	J'y suis toujours. J'y suis revenu
4 *parce que mes camarades m'ont*	parce que mes camarades m'ont
5 *demandé de prendre la mairie /*	réclamé. Je suis leur maire.
6 *et c'est pour cette raison que j'y*	
7 *suis / pas pour une autre raison /*	Ce village m'est très cher.
8 *donc ce village / ce père cette*	
9 *mère ah il m'est très cher /*	J'ai eu là ma première chance
10 *il m'est très cher / et j'ai eu une*	extraordinaire: un instituteur mer-
11 *chance absolument extraordi-*	veilleux qui avait compris mieux que
12 *naire / c'est d'avoir un instituteur*	tout autre que j'avais beaucoup
13 *merveilleux qui avait peut-être*	d'aptitudes à apprendre à l'école.
14 *compris mieux que tout autre /*	J'étais à peu près toujours le pre-
15 *que j'avais beaucoup d'apti-*	mier. En ce temps-là, il fallait
16 *tudes à apprendre à l'école*	absolument avoir douze ans révolus
17 *n'est-ce pas / j'étais à peu près*	pour aller au certificat d'études.
18 *toujours le premier / et: / en ce*	Je suis du 28 septembre et on
19 *temps-là il fallait avoir absolu-*	passait ce certificat dans la première
20 *ment douze ans révolus pour*	semaine de juillet... il me
21 *passer son certificat d'études / je suis*	manquait donc deux mois pour
22 *du vingt-huit septembre et on*	pouvoir me présenter... C'était
23 *passait le certificat d'études dans la*	terrible parce que j'étais prêt...
24 *première semaine de juillet / donc /*	
25 *il me manquait / deux mois pour*	
26 *passer mon certificat d'études / et*	
27 *j'étais prêt à passer le certificat*	
28 *d'études puisque j'étais le premier de*	
29 *la classe y'en avait sept ou huit*	Et bien meilleur même que les
30 *qui étaient de la de la' de la même*	autres de ma classe qui avaient
31 *année mais qui eux avaient eu leurs*	atteint ces fameux douze
32 *douze ans et l'instituteur il est*	ans. Alors, l'instituteur est
33 *allé trouver mon père' il lui a dit*	allé trouver mon père.
34 *tu sais je peux / avoir une bourse*	Il lui a dit: «Tu sais que
35 *pour sylvain / et on va l'envoyer*	je peux avoir une bourse
36 *directement à périgueux / il faut*	pour Sylvain... On va l'envoyer
37 *pas que ce garçon-là il faut qu'il*	à Périgueux. Il est important
38 *travaille /*	que ton fils n'abandonne
39 *mais mon père lui répond*	pas ses études...»
40 *mais tu sais bien que j'ai pas les*	Surpris, inquiet surtout,
41 *moyens même d'acheter / euh /*	papa a répondu: «Mais je
42 *les habits faut l'habiller tout ça*	n'ai pas les moyens de lui
43 *et j'en ai pas les moyens /*	acheter des habits... Il faut

44 *alors l'instituteur lui dit ben*   l'habiller...» Mon instituteur
45 *écoute on va faire autre chose /*   a tourné la difficulté: «Écoute,
46 *deux livres du cours supérieur*   a-t-il dit, on va faire autre
47 *à trois francs cinquante ça tu peux*   chose. Il faut, pour Sylvain,
48 *le faire ben il dit mais c'est tout*   deux livres de cours supérieur.
49 *à fait d'accord / et tous les soirs /*   Ça coûte trois francs cinquante...
50 *le jour il renou--ra le certificat*   Ça, tu peux le faire?...» Et
51 *d'études / et tous les soirs / il vien-*   papa d'assurer: «Tout à fait
52 *dra: quand il aura dîné / puisque*   d'accord.» Le cher instituteur
53 *nous dînons à la même heure / et*   a expliqué alors: «Chaque
54 *il vient à huit heures tous les*   soir, après le certificat
55 *soirs / et je lui donnerai une heure*   d'études, je lui donnerai
56 *de cours supérieur / ça c'est mer-*   une heure de cours supérieur.»
57 *veilleux c'est extraordinaire / et*   C'était merveilleux, extraordi-
58 *indiscutablement / que cet instituteur*   naire. Indiscutablement,
59 *a marqué toute ma vie / et / je me*   cet homme a marqué toute ma
60 *suis souvent posé la question / toute*   vie. Et je me suis souvent posé
61 *ma vie de penser est-ce qu'y a*   la question: «Est-ce qu'il y
62 *encore y en aurait ah je crois qu'y en*   a encore des gens comme ça?...»
63 *aurait quand même / mais des hom-*
64 *mes aussi dévoués parce que s/il*   Je regrette qu'il soit mort trop
65 *n'attendait rien / ni de mon père*   tôt, qu'il ne m'ait pas vu dans
66 *ni de moi / et ce que je regrette c'est*   mon ascension. Il aura eu toute-
67 *qu'il soit / mort trop tôt / et qu'i(l)*   fois la satisfaction à la fin de
68 *m'ait pas vu dans mon ascension /*   sa vie de rencontrer le sous-
69 *il m'a vu sous-officier dans l'armée*   officier que j'étais devenu dans
70 *ce qui était pour lui une grande sa-*   l'armée.
71 *tisfaction d'ailleurs / mais et après*
72 *il est mort / et c'est un grand regret /*

Dans le second doublet, les différences entre les deux documents se remarquent au niveau **syntaxique et lexical**, mais surtout au plan **discursif**, caractérisé par une plus grande présence de **l'énonciateur** à l'oral, ce qui donne au document une force **argumentative** importante, tandis qu'à l'écrit, cette présence est fortement atténuée et tend à transformer le **plaidoyer** d'origine en simple **récit** anecdotique.

Les deux documents ci-dessous présentent également deux versions d'un même événement. L'un est extrait d'une *Radioscopie* de J. Chancel diffusée sur France-Inter le 9 octobre 1969... L'autre est emprunté au livre *Radioscopie* du même auteur. L'interviewé est S. Floirat, alors P.-D.G. d'Europe n° 1. La diffusion et l'écoute d'une émission ne durant que le temps de passage à l'antenne, les chaînes radiophoniques, pour donner aux auditeurs la possibilité de réécouter ou de prendre connaissance d'un programme qu'ils n'auraient pas entendu, en diffusent certains sous forme de cassettes. Parallèlement, on publie également des livres rédigés à partir des émissions, où les lecteurs pourront, espère-t-on, retrouver ou découvrir ce qui a été dit à l'antenne. C'est ce qu'a fait J. Chancel pour son émission. Dans la préface du premier volume de *Radioscopie*, il affirme : « j'ai respecté fidèlement la phrase parlée, qui n'a que peu de rapports avec la phrase écrite ». Pari impossible : la lecture du livre et l'audition simultanée de l'émission font apparaître un grand nombre de différences au plan lexical, morpho-syntaxique et discursif.

2.2.1. LA STRUCTURE NARRATIVE DES DEUX DOCUMENTS : UN MÊME RÉCIT

Pourtant, si on s'en tient au seul contenu référentiel et à la structure narrative des deux documents, on constate une évidente similarité. L'application aux deux discours, du schéma narratif déjà utilisé pour le récit du vigneron montre qu'ils fonctionnent de manière identique. Ils se divisent l'un et l'autre en cinq séquences : la première (l'orientation) commence, à l'écrit comme à l'oral, par « *quelle était cette commune* » et se termine à « *beaucoup d'aptitudes à apprendre à l'école* » (16 oral, 13 écrit). Elle donne les caractéristiques spatio-temporelles du récit : le lieu (la commune de Nailhac) et permet d'en présenter deux des acteurs : le locuteur S. Floirat et l'instituteur. La deuxième (la complication), où intervient le père, autre protagoniste, s'achève par « *qui eux avaient eu leurs douze ans* » (32, oral) et « qui avaient atteint ces fameux douze ans » (32 écrit). Dans la troisième, l'évaluation, qui va jusqu'à « *faut l'habiller tout ça et j'en ai pas les moyens* » (43 oral) et jusqu'à « il faut l'habiller » (44 écrit), le père et l'instituteur évaluent la situation et tentent d'y apporter une solution. Dans la quatrième, la résolution, qui s'achève dans le document oral et dans le texte écrit par « *je lui donnerai une heure de cours supérieur* » (56), l'instituteur résout le problème en proposant de donner des cours du soir à l'enfant. Dans la cinquième et dernière séquence, le narrateur énonce la morale du récit : l'instituteur était un homme extraordinaire.

2.2.2. DEUX DISCOURS DONT LES CONDITIONS DE RÉALISA-TION ET LA SITUATION DE COMMUNICATION SONT DIFFÉ-RENTES

Les deux locuteurs sont : un homme d'affaires influent, self made man d'origine modeste qui se pose en champion de la réussite d'un système, et un journaliste renommé. Aucun rapport d'intimité ne lie les deux hommes, mais ils possèdent, pour des raisons différentes, un même statut social. Au cours de l'interview, ils sont face à face ; l'émission a lieu en direct ; aucun montage n'est donc possible et, si l'interviewé connaît les règles de déroulement de l'émission et le canevas des questions, il n'a le soutien d'aucun support écrit.

Le scripteur n'est pas un des deux locuteurs, puisque l'auteur du livre (J. Chancel) en a confié la rédaction à sa secrétaire. Cette dernière, qui a un contact différé avec les lecteurs potentiels, n'a pas assisté à l'émission et a rédigé le livre à partir d'un script, sans écouter la bande sonore. Elle était donc dans l'impossibilité de rendre compte au niveau scriptural ni des qualités de la voix de l'interviewé ni des phénomènes prosodiques qu'il avait pu utiliser.

Ces différences dans les conditions de réalisation et la situation de communication, affectent inévitablement l'instance de production du discours. Les deux documents présentent, au niveau de la situation d'énonciation, des différences importantes qui sont de plusieurs ordres : certaines tiennent aux écarts existant entre le système des pauses et de la ponctuation ; quelques-unes sont d'ordre lexical : « *m'ont demandé* » (5 oral), « m'ont réclamé » (5 écrit) ; « *pour passer* » (20 oral), « pour aller au certificat d'études » (17 écrit) ; « *pour passer mon certificat d'études* » (21 oral), « pour pouvoir me présenter » (22 écrit) ; d'autres sont morpho-syntaxiques : aux lignes 40-41 et 68 (oral), le scripteur a rétabli le « *ne* » qui avait disparu à l'oral : « *j'ai pas les moyens* » est devenu « je n'ai pas les moyens », et « *qu'il m'ait pas vu* » a été changé en « qu'il ne m'ait pas vu » ; à la ligne 56, il a supprimé « *ça* » ; à la ligne 32, la redondance du pronom personnel « *l'instituteur il est allé trouver mon père* » disparaît ; de manière générale, aucune des constructions segmentées utilisées au cours de l'interview n'est réemployée, ce qui, étant donné leur rôle dans l'organisation des discours oraux montre l'écart existant entre les deux documents. Les différences les plus pertinentes se situent en effet au niveau de leur organisation discursive : énoncés inachevés complétés, suppression des répétitions, modification des formes temporelles, des modalités, des enchaînements, organisation différente des énoncés rapportés, reformulation de certains passages. Comme le montrent les études ci-dessous, le document sonore et l'extrait du livre ont une organisation polyphonique et argumentative différente.

2.2.3. DEUX DISCOURS POLYPHONIQUES ORGANISÉS DE MANIÈRE DIFFÉRENTE

Dans l'extrait radiophonique, on entend deux locuteurs : J. Chancel et S. Floirat mais c'est ce dernier qui parle le plus souvent, aussi le passage retenu s'apparente-t-il au monologue. Dans le livre, cette prédominance est encore plus grande parce qu'une part de la situation originelle d'interview disparaît. Le scripteur efface l'intervention de J. Chancel : « *donc ce village ce père cette mère* » (8 et 9) qui, au cours de l'émission, était une manière de donner la parole à S. Floirat. Il ôte également la répétition de « *il m'est très cher* » (10) qui, en situation de communication orale, aide S. Floirat à débuter son énoncé. Ces éléments qui, pendant l'interview, facilitent l'élaboration du message, sont inutiles dans une situation d'écriture qui rend compte, de manière différée, d'une interview déjà réalisée. Pour des raisons similaires, le «*n'est-ce pas*» (17) employé par S. Floirat pour s'adresser à J. Chancel et aux auditeurs, n'est pas repris dans le document écrit.

Dans les deux documents, on rapporte une conversation entre le père de S. Floirat et l'instituteur du village. Au cours de l'émission on perçoit, derrière le locuteur principal, trois voix distinctes : la sienne, ou énonciateur 1 (E1), celle de son père, ou énonciateur 2 (E2), celle de son instituteur, ou énonciateur 3 (E3). Dans le livre, l'organisation est plus complexe, puisque derrière l'auteur, existent en fait deux scripteurs : l'un fictif (J. Chancel), l'autre réel (la secrétaire de rédaction); derrière cette dernière que je désignerai comme scripteur 2, on retrouve en fait cinq énonciateurs distincts : E1 : elle-même; E2 : J. Chancel; E3 : S. Floirat; E4 : le père; E5 : l'instituteur. Je m'interroge en premier lieu sur la présence de E1 (devenu E3 à l'écrit) dans les deux discours; j'envisage ensuite l'étude de l'organisation des énoncés rapportés.

2.2.3.1. LES TRACES DE E1-E3 DANS LES DEUX DOCUMENTS

S. Floirat, originaire du Périgord, s'exprime avec un accent régional prononcé auquel un auditeur français est immédiatement sensible. Aussi, la non-prise en compte pour des raisons qui tiennent aux conditions de réalisation du document, ne serait-ce que sous forme de commentaires, des particularités phonétiques de son parler, atténue-t-elle fortement la présence de E1 dans le livre. Cet effacement est renforcé par la suppression dans le discours écrit de deux modalités du non-certain : «*peut-être*» (13) et «*je crois*» (62). La modification de certaines formes temporelles employées à l'oral accentue encore cette tendance : «*c'est merveilleux*» (56) devient «c'était merveilleux» dans le livre. En employant le présent de l'indicatif qui est une forme temporelle du monde commenté (cf. p. 79), E1 porte non seulement un jugement sur l'événement présenté, mais attire l'attention de ses interlocuteurs sur l'importance de ce qu'il est en train de dire. À l'inverse, le scripteur, en employant l'imparfait, utilise une forme du monde raconté et transforme le commentaire énoncé en élément narratif; «*répond*» (39) devient «a répondu»; «*lui dit*» (44) est changé en «a tourné la difficulté». L'emploi, dans le livre, du passé composé qui marque un procès accompli, antérieur au moment de l'énonciation, tend à déplacer ce dernier vers le monde de la narration. On retrouve le même glissement narratif, en dépit de la présence à l'écrit de l'embrayeur «*je*» dans le passage de «*il m'a vu*» (oral), à «j'étais devenu» (écrit). Dans la transformation de «*ce qui était pour lui une grande satisfaction d'ailleurs*», le changement de forme temporelle s'accompagne d'une modification de la perspective de narration. À l'oral, c'est celle de E1 qui est choisie, dans le livre c'est celle du personnage. Le scripteur tend à gommer la présence de l'énonciateur d'origine et à accentuer l'aspect narratif du document sonore originel.

2.2.3.2. LES ÉNONCÉS RAPPORTÉS

Au cours de son récit, S. Floirat rapporte l'entrevue entre son père et son instituteur. Ces deux zones de discours rapporté sont, par excellence, des lieux polyphoniques. Dans les deux cas, il y est fait usage du style direct, mais la structure discursive en est assez différente.

Au cours de l'interview, aucune pause n'est employée entre les verbes introducteurs et les énoncés rapportés. Dans le livre, une ponctuation spécifique (guillemets, deux points) sépare les deux types de discours. Les transitions entre les prises de parole successives sont signalées à l'écrit par des virgules, alors qu'à l'oral il n'existe que deux pauses, l'une à la fin de la première réplique, après « *moyens* » / (43) et la seconde après la deuxième intervention de l'instituteur. Dans le document sonore, S. Floirat utilise presque toujours le verbe dire pour introduire les énoncés rapportés ; seule la deuxième réplique du père est précédée de « *répond* » (39). Dans le livre, les verbes introducteurs sont diversifiés : « a tourné la difficulté » (45), « d'assurer » (51), « a expliqué » (53). En conséquence, la séparation entre les deux types de discours paraît, si on s'en tient à ces deux critères segmentaux et lexicaux, plus assurée à l'écrit qu'à l'oral. Le choix, dans un discours écrit, d'une variété qui permet d'éviter les répétitions, s'explique, sans doute en partie, par des raisons stylistiques. Toutefois, dans le livre, les verbes utilisés servent non seulement à introduire les deux protagonistes, mais sont également, par trois fois, des commentaires sur les propos rapportés : « a tourné la difficulté », « a expliqué », « d'assurer » sont des expressions qui caractérisent l'attitude du père et de l'instituteur. Ce phénomène ne se limite pas aux seuls verbes introducteurs. Il se retrouve dans la présentation des deux personnages. Au cours de l'interview, les mots « *l'instituteur* », « *mon père* », deviennent à l'écrit « surpris, inquiet surtout, papa », « mon instituteur », « papa », « le cher instituteur », expressions qui comportent, elles aussi, des commentaires absents du document oral.

Cette dimension polyphonique différente a des répercussions sur l'organisation de la narration dans les deux discours. Les commentaires employés dans le livre contribuent à la mise en place de trois acteurs du récit : S. Floirat, le père et l'instituteur, et d'un narrateur qui, s'identifiant à l'un d'eux, commente les événements et introduit les autres personnages. Cependant, le scripteur n'intervient jamais en tant que tel dans le discours. Les voix du scripteur et du narrateur n'en font qu'une. En revanche, dans le discours oral, la présence de E1 est directement perceptible à travers la voix du locuteur, son accent, son mode d'adresse, ses commentaires qui ne portent pas tant sur le « dit » que sur le « dire ». E1 ne se cache pas derrière ses personnages, il en montre l'élaboration. Aussi, distingue-t-on nettement ces deux instances différentes que sont la voix du locuteur-énonciateur et celle du narrateur. S. Floirat ne parie pas sur l'objectivité mais sur la subjectivité de son parler.

Ces différences dans la polyphonie discursive vont de pair avec une conception dissemblable des rapports avec les récepteurs du discours et des attitudes vis-à-vis du dit et du non-dit discursif. Au cours de l'interview, E1 (S. Floirat) s'adresse, en direct, à des auditeurs lointains et potentiels. Dans les conditions qui lui sont imparties, il ne peut donner de renseignements précis sur les personnages dont il est censé rapporter les propos. Il veut néanmoins convaincre les auditeurs de l'authenticité de cette confrontation, de son caractère dramatique, et du rôle joué par les deux locuteurs dans sa réussite future. Cela suppose que les auditeurs puissent interpréter le dit et le non-dit de son discours. À cet effet, il utilise : 1, le style direct, 2, une intonation appropriée, 3, des accents d'insistance. Il simule ce qui peut paraître une conversation authentique en employant des «mots du discours»: «*ben*» (48), «*tu sais*» (34), des hésitations, des reprises caractéristiques de ce type d'échanges. À partir de ces éléments, le **récepteur** du discours peut reconstituer le minidrame qui lui est présenté. Mais le locuteur lui laisse, apparemment, un certain choix dans cette reconstitution. Le discours comporte des creux, des non-dits que l'interlocuteur devra expliciter.

L'acte d'écriture permet des retours en arrière, des ratures, une distance par rapport à ce qui est produit qui n'existe pas en situation de communication orale. Aussi le scripteur peut-il préciser l'attitude des deux acteurs du récit. D'autre part il est, comme l'auditeur, un récepteur du discours de S. Floirat et placé, comme lui, en position **d'interprétant**, mais à la différence de l'auditeur, il propose une interprétation. Il traduit ce qui, chez l'énonciateur E1 était de l'ordre du non-dit, et explicite les éléments implicites du discours oral de E1.

Cette interprétation peut d'ailleurs s'accompagner de modifications d'ordre sémantique: par exemple «*tu sais*» (34), employé par l'instituteur pour interpeller le père de S. Floirat et faciliter l'échange entre eux, devient dans le document écrit «tu sais que» (34), c'est-à-dire le verbe savoir suivi d'une complétive, et a le sens de «avoir connaissance». Dans le document écrit, les phénomènes observés à l'occasion de la comparaison entre deux passages contenant des énoncés rapportés, se retrouvent en d'autres points du récit: «c'était terrible parce que j'étais prêt» (22-23) «et bien meilleur que les autres» (29-30), «le sous-officier que j'étais devenu» (68-69) sont autant de remarques qui traduisent l'interprétation par le scripteur du discours reçu et l'explication du non-dit de l'oral.

2.2.4. L'ARGUMENTATION DANS LES DEUX DISCOURS

L'étude de quelques procédés argumentatifs passe par celle des marqueurs d'enchaînement «*et*» et «*mais*», des constructions segmentées et, en ce qui concerne le discours oral, par le rôle des accents d'insistance.

2.2.4.1. « ET » ET « MAIS »

« *Et* » est utilisé dix-huit fois au cours du document sonore, et quatre fois ,eulement dans le livre. Les conditions de réalisation du discours oral ;xpliquent en partie le nombre élevé d'occurrences de « *et* » dans le document sonore ; le locuteur est contraint d'utiliser des appuis qui lui permettent de relier entre eux les éléments du discours en cours d'élaboration. « *Et* » accompagne d'ailleurs souvent la reformulation d'un énoncé ; par exemple « *et j'en ai pas les moyens* » (43) est une reprise de « *j'ai pas les moyens même d'acheter* ». « *Et* » contribue également à l'enchaînement narratif : dans trois cas, il est employé pour indiquer le passage d'une séquence à l'autre du récit :

1 — « *et en ce temps-là il fallait avoir absolument douze ans révolus* » (20) ;
2 — « *et l'instituteur il est allé trouver mon père* » (32-33) ;
3 — « *et je me suis souvent posé la question* » (60). En 1 « *et* » introduit la séquence complication, en 2 il marque le début de l'évaluation, en 3 le début de la morale.

Mais l'emploi de « *et* » tend aussi à faire de chacune des séquences l'étape d'une démonstration de type binaire : « *il m'est très cher* » et « *j'ai eu une chance absolument extraordinaire* » (10 et 11) ou ternaire : « *il me manquait / deux mois pour passer mon certificat d'études / et j'étais prêt à passer le certificat d'études puisque j'étais le premier de la classe* [...] *et l'instituteur il est allé trouver mon père* » (25-33). « *Et* » donne au second argument une force plus grande qu'au premier ; ce second point de vue peut soit compléter le premier (c'est-à-dire être coorienté avec lui), soit le contredire (c'est-à-dire être en relation de contradiction avec lui). Dans le groupe binaire cité ci-dessus, les deux arguments ont la même orientation argumentative : l'affection du locuteur pour son village, mais le deuxième est plus fort que le premier. Dans le groupe ternaire, le premier argument montre l'impossibilité pour le locuteur de passer son certificat ; le second indique qu'il en a les possibilités intellectuelles et s'oppose ainsi au premier ; enfin le troisième argument sert à résoudre les contradictions existant entre les deux premiers. Dans chacune des séquences narratives, « *et* » est une sorte de pivot argumentatif. Dans la partie orientation, les différents arguments (réunis en groupes binaires) tendent à une même conclusion : l'attachement du locuteur à son village natal ; dans la partie complication, « *et* » souligne l'opposition de deux groupes d'arguments antagoniques : ceux de type administratif (l'âge de l'enfant) et ceux qui ont trait à ses capacités intellectuelles. Dans la partie évaluation « *et* » contribue à la mise en valeur de l'opposition entre deux groupes d'arguments : la possibilité de la poursuite des études de l'enfant d'une part, et son impossibilité d'autre part. Dans la résolution, les arguments ordonnés hiérarchiquement par « *et* » aboutissent à une même conclusion : l'aide de l'instituteur. Dans la morale, « *et* » contribue à organiser trois groupes d'arguments : l'admiration du locuteur pour son instituteur, le regret que l'enseignant n'ait pas eu connaissance de son ascension sociale et surtout le chagrin causé par la disparition prématurée de cet homme.

L'absence de la plupart des occurrences de «*et*» dans la version écrite, tend à prouver que le livre a une force argumentative moindre que l'émission. Les «*et*» sont toutefois parfois remplacés par des commentaires inexistants à l'oral. Par exemple, à la ligne 23, «*et*» n'est pas employé mais le scripteur introduit à sa place le commentaire «c'était terrible». Par deux fois cependant, le scripteur utilise «*et*» sans qu'il y ait marque de coordination à l'oral. Dans un cas, «et papa d'assurer» (51), «*et*» précède le verbe «*assurer*» qui introduit le discours rapporté et qui est aussi un commentaire inexistant à l'oral sur l'attitude du père du locuteur. Dans les deux cas l'emploi de «*et*» est associé à une explication sur le non-dit de l'oral, ce qui confirme le rôle d'interprétant du scripteur.

«*Mais*»: on relève cinq emplois de «*mais*» à l'oral, contre un seul à l'écrit. L'utilisation moins fréquente de «*mais*» dans le livre confirme le caractère peu argumentatif de ce dernier. Dans trois occurrences, (31, 39 et 71) «*mais qui eux avaient eu leur douze ans*», «*mais mon père lui répond*» «*mais et après il est mort et c'est un grand regret*», «*mais*» fonctionne comme redresseur argumentatif. Dans «*mais tu sais bien que j'ai pas les moyens même d'acheter*» (40) et dans «*mais c'est tout à fait d'accord*» (48), «*mais*» est employé en tête d'énoncé rapporté. Cet usage est fréquent dans un dialogue; il facilite les prises de parole successives des locuteurs. En les plaçant dans des énoncés rapportés, le locuteur prouve, indirectement, l'authenticité des propos qu'il cite. À la ligne 63, «*mais des hommes aussi dévoués*», «*mais*» est en tête d'énoncé inachevé et met ainsi en valeur non pas l'argument présenté, mais **l'élaboration** de l'argumentation. Toutefois, de manière diverse, «*mais*» contribue dans le discours oral, à la mise en place de l'argumentation. La seule occurrence de «*mais*» dans le livre est celle utilisée dans l'énoncé rapporté «*mais tu sais bien que j'ai pas les moyens*».

2.2.4.2. LES CONSTRUCTIONS SEGMENTÉES
La différence au niveau argumentatif entre les deux types de discours, est encore confirmée par l'étude du rôle, dans l'interview, des constructions segmentées dont il n'est fait aucun usage dans le livre. Dans le document sonore, on relève sept occurrences.

Cinq d'entre elles reposent sur l'utilisation des présentatifs «*c'est*» et «*il y a*». Deux autres fonctionnent grâce à la seule redondance de l'élément détaché. La présence dans ces constructions d'un pronom de reprise et d'un élément en position de détachement aide à la cohérence du discours; dans «*j'ai eu une chance absolument extraordinaire / c'est d'avoir un instituteur merveilleux*» (10-13), le pronom «*c'*» du présentatif «*c'est*» est anaphorique: il renvoie à un élément précédent, «*une chance*», et cataphorique parce qu'il annonce celui qui le suit, « *instituteur* ». Dans « *et ce que je regrette, c'est qu'il soit / mort trop tôt / et qu'il m'ait pas vu dans mon ascension* » (66-68), « *c'est* » joue un rôle de pivot entre le regret exprimé par le locuteur : « *ce que je regrette* » et l'exposé de ses motifs : « *qu'il soit mort trop tôt* ». Dans « *l'instituteur il est allé trouver mon père* » (32) et « *deux livres du cours supérieur à trois francs cinquante ça tu peux le faire* » (46-47), « *l'instituteur* » et « *ça* », éléments détachés, reprennent l'un le G.N. « *un instituteur* » et l'autre le G.N. « *deux livres du cours supérieur à trois francs cinquante* ».

Ces constructions contribuent d'autant plus à la cohésion du discours qu'elles ont, elles aussi, un rôle dans le développement de l'argumentation. Leur emploi attire l'attention des récepteurs sur les éléments détachés que sont « *pour cette raison* » (6), « *un instituteur merveilleux* » (12-13) et « *ce que je regrette* » (66). Ces mêmes éléments linguistiques font souvent l'objet de reprises, sont fréquemment porteurs d'accents d'insistance et sont parfois précédés de « *et* », ils constituent donc des **mots clés** du discours du locuteur et des temps forts de son argumentation.

L'absence de constructions segmentées dans l'extrait du livre s'explique de différentes manières. La redondance du substantif sujet par un pronom « *l'instituteur il* » et la place de l'objet en tête d'énoncé « *ça tu peux le faire* » ne sont pas conformes au bon usage de la langue. Selon les normes scolaires de l'écrit, il est déconseillé d'utiliser les présentatifs « *c'est* » et « *il y a* ». L'image de l'oral la plus répandue est celle d'un discours où le phénomène de **parataxe** est dominant, ce qui exclut, pour le scripteur qui veut être fidèle à l'oralité d'un discours, l'utilisation de constructions complexes et, par voie de conséquence, les phénomènes de segmentation avec « *c'est* ». L'absence de cette construction, à l'écrit, accentue les écarts existant entre les deux documents. Le discours de S. Floirat est narratif et argumentatif ; celui de J. Chancel relève de la seule narration. Cette **mise à plat** du discours est renforcée par le fait que les accents d'insistance employés par le locuteur pour ponctuer son récit ne font l'objet d'aucun commentaire de la part du scripteur.

2.2.4.3. LES ACCENTS D'INSISTANCE
Je me contenterai ici de faire remarquer que leur présence permet un regroupement des mots en fonction de leur champ sémantique et lexical : « *aptitudes* », « *première* », « *extraordinaire* » relèvent du champ de l'école et de la promotion sociale ; « *pas les moyens* »[1] « *même d'acheter* », « *trois*

---

1. C'est ainsi que V. Lucci (1983, p. 72) montre la corrélation existant entre la présence d'accents d'insistance et des variables socio-situationnelles : il constate que « si l'on rencontre des accents d'insistance dans les interviews, ceux-ci disparaissent presque de la conversation ». V. Lucci montre également qu'ils apparaissent de préférence à l'intérieur de messages utilisés plus fréquemment par une catégorie socio-culturelle de locuteurs ayant l'habitude de s'adresser à un auditoire.

francs cinquante » appartiennent à celui de la pauvreté. Parmi les séquences narratives, on constate que ce sont les parties pivot, complication et résolution qui contiennent le plus grand nombre d'accents d'insistance.

Les accents d'insistance apparaissent prioritairement dans des discours tenus par des locuteurs appartenant à une catégorie socio-professionnelle qui a l'habitude de s'adresser à un auditoire. L'importance de ce type d'accentuation dans les discours de S. Floirat montre que l'interviewé, qui veut convaincre ceux qui l'écoutent, connaît la rhétorique de la parole. Derrière le locuteur d'origine modeste qui a gardé l'accent de son terroir et dont le parler est émaillé de tournures populaires, apparaît le P.-D.G., l'homme d'affaires influent, habile et rusé. E1 se dédouble ainsi en deux locuteurs distincts : 1 — le provincial issu d'un milieu populaire, 2 — le P.-D.G. à l'argumentation efficace et on peut même se demander si 1 ne constitue pas une espèce de masque, conscient ou non, qui sert d'alibi à 2 et donne ainsi une force argumentative plus importante à son discours. Dans le livre, on ne trouve aucune trace de ces manœuvres subtiles. Le scripteur n'a pas pris en compte ce deuxième aspect du parler de S. Floirat qui, pourtant, révèle **en creux**, au plus près de l'énonciation du discours, l'homme social S. Floirat.

2.2.5.4. CONCLUSIONS

L'étude des deux versions, écrite et orale, d'un même récit montre qu'il existe entre les deux documents des différences au niveau morphosyntaxique, lexical et discursif. Je me suis principalement intéressée à leur organisation discursive en envisageant successivement la polyphonie des deux discours et leur argumentation. Cette polyphonie, présente dans les deux documents, y est organisée très différemment. À l'écrit, la voix du locuteur-énonciateur d'origine tend à s'effacer au profit de la création de **personnages** et d'un narrateur. En revanche, cette création entraîne la disparition du scripteur qui n'intervient jamais en tant que tel. Tout autre est l'organisation de l'oral. On y entend distinctement deux voix : celle du locuteur-énonciateur en proie à l'élaboration et au commentaire de son dire, et celle du narrateur qui rapporte une anecdote de son enfance. Les conditions d'élaboration et de réception du discours n'étant pas les mêmes, le rapport au dit et au non-dit discursif est différent. Le locuteur oriente l'interprétation de ses interlocuteurs, le scripteur donne son interprétation.

L'extrait du livre est un **récit**, celui de l'interview une **plaidoirie**. Au cours de l'interview, l'anecdote n'est qu'un prétexte pour un plaidoyer en faveur de la réussite que constitue, aux dires du locuteur, l'ascension dans l'échelle sociale d'un fils de facteur devenu P.-D.G. Dans le livre, toute la force argumentative du discours disparaît, au profit de la seule narration anecdotique.

Ces transformations sont pourtant nécessaires, et dues aux conditions de réalisation et à la situation de communication très différentes de celles de l'interview: par exemple, les marques de coordination et la segmentation des énoncés, à l'oral, sont imposées par le face-à-face radiophonique, son caractère improvisé et le contact avec les auditeurs. Tenir compte de ces procédés dans un texte écrit serait possible si, au lieu de s'en tenir aux seules informations données par S. Floirat, le scripteur commentait également son attitude pendant l'émission, ses efforts pour persuader ses interlocuteurs, les particularités de son parler, la tonalité de sa voix... éléments qui relèvent de l'énonciation du discours. La secrétaire travaillait à partir du script de l'émission et n'avait pas écouté la bande sonore; elle se trouvait donc dans l'impossibilité de tenir compte de ces différents paramètres. Eût-ce d'ailleurs été utile pour les lecteurs? Le livre doit leur remémorer les anecdotes racontées par les interviewés. S'ils veulent retrouver le climat de l'émission, entendre la voix des interviewés, ils peuvent se procurer les cassettes de Radio-France. Il n'en demeure pas moins que le pari de J. Chancel, rappelé au début de cette étude, était impossible. Toute opération de transcodage comme celle-ci, passe par de nécessaires transformations qui font apparaître les spécificités des deux ordres de langage que sont l'oral et le scriptural.

2.3. ÉTUDE D'UN «TRIPLET»: *LES ASTUCES DE MADAME TRUC*

TRANSCRIPTION DE DEUX EXTRAITS D'ÉMISSION RADIO-PHONIQUE: *LES ASTUCES DE MADAME TRUC*

A — Allumettes

1 *si vous avez je ne sais pas une petite maison à la campagne et que / vous*
2 *arriviez comme ça un soir après avoir roulé toute la journée / dans la maison*
3 *qui bien sûr n'a pas été chauffée et qui donc est humide / et que vous essayiez*
4 *d'allumer soit votre gaz soit la cheminée avec une allumette / il est probable*
5 *que vous allez avoir une mauvaise surprise là encore parce que / l'humidité /*
6 *aura imprégné les allumettes / et vous pourrez essayer de craquer toutes les*
7 *allumettes que vous voudrez ça ne marchera pas mais ça réussira certainement*
8 *à vous énerver / ça fait partie des petits malheurs de la vie quotidienne / mais*
9 *heureusement il y a là aussi une solution qui est simple / vous trempez / le*
10 *bout / de l'allumette que vous souhaitez craquer et qui donc est humide / vous*
11 *le trempez / dans un tube de vernis à ongles / et vous verrez qu'aussitôt après*
12 *eh bien vous pourrez la craquer sans / aucune difficulté /*

B — Biscottes

1 *un truc pour vous éviter de vous énerver au petit déjeuner aujourd'hui / beaucoup*
2 *d'entre nous mangent des biscottes le matin et je suis certaine aussi que*

3 *beaucoup d'entre nous s'énervent parce que bien sûr ces fameuses biscottes /*
4 *elles cassent / elles s'émiettent tant et si bien qu'on finit souvent par*
5 *y renoncer / alors n'y renoncez plus lorsque vous connaîtrez le truc suivant*
6 *vous verrez que vous pourrez les beurrer <u>sans</u> problème / l'astuce eh bien /*
7 *c'est de / les sortir du paquet par groupes de trois ou quatre mais <u>surtout</u>*
8 *en les laissant <u>dans l'ordre</u> / où elles se trouvaient / <u>dans ce</u> paquet / donc vous*
9 *faites devant vous un petit tas de trois ou quatre biscottes selon votre appétit /*
10 *et <u>puis</u> vous beurrez la première biscotte celle qui se trouve sur le dessus /*
11 *ensuite / lorsqu'elle est <u>parfaitement</u> beurrée sans s'être cassée donc vous*
12 *la <u>passez</u> en <u>dessous</u> / <u>et</u> ainsi de suite et vous constaterez qu'ainsi eh bien*
13 *vous pourrez avoir votre <u>série</u> de biscottes <u>beurrées</u> / sans vous être énervée /*
14 *et commencer je l'espère donc / la journée / <u>d'un bon</u> pied /*

FICHES MANUSCRITES

A
Allumettes

Quoi de plus énervant que d'essayer de craquer une allumette puis 2, puis 3 et de renoncer pour finir, puisque c'est toute la boîte qui est humide!

Cela fait partie des petits malheurs de la vie quotidienne... heureusement, la solution est simple.

Trempez le bout de l'allumette dans un tube de vernis à ongles et le mal est réparé.

B
Biscottes

Qui ne s'est jamais énervé en essayant de beurrer une biscotte qui immanquablement se casse, s'émiette tant et si bien que l'on finit souvent par y renoncer.

Solution : *les sortir du paquet par groupes de 3 ou 4. Les laisser dans le même ordre et beurrer la biscotte qui est sur le dessus, la mettre dessous, etc.*

LIVRE
Allumettes

Dès que vous arrivez dans votre maison de campagne où vous n'avez pas encore eu les moyens de faire installer le chauffage central, vous vous précipitez sur la boîte d'allumettes pour allumer du feu. Hélas, la maison est humide, les allumettes aussi et, après avoir essayé d'en craquer une dizaine sans succès, vous êtes au bord de la crise de nerfs.

➡ Allez tranquillement chercher votre flacon de vernis à ongles et trempez le bout de l'allumette dans celui-ci. Grattez-la de nouveau. La petite flamme bleue jaillira sans problème.

Biscottes

Ah! ces petits déjeuners au cours desquels, à peine réveillés, on essaie de beurrer des biscottes avec un beurre qu'on n'a pas pensé à sortir la veille du réfrigérateur! Quel désastre! On en casse une, l'autre s'émiette et on finit par y renoncer. Le remède est pourtant simple:

➡ Sortez-les du paquet par groupes de trois ou quatre et surtout laissez-les dans l'ordre où elles sont.
— Beurrez la biscotte qui se trouve dessus, puis, une fois beurrée, mettez-la sous le tas. Procédez de même pour la seconde, puis pour la troisième. Vous pourrez désormais aborder vos petits déjeuners, l'âme sereine.

> Dans le triplet, les différences essentielles entre les trois documents tiennent à la plus ou moins grande présence de **l'énonciateur** dans son discours:
>
> — dans l'émission, l'emploi d'accents d'insistance, de marques personnelles, de « mots du discours » et de formes temporelles ayant comme point de repère l'énonciation, ainsi que la présence de commentaires et l'effort du locuteur pour maintenir le contact avec les auditeurs, sont autant d'indices de cette présence;
>
> — dans le livre, l'absence de toute allusion personnelle atténue cette présence, mais l'effort dans la mise en pages et l'emploi de formes temporelles telles que l'impératif traduisent le souci d'atteindre le lecteur;
>
> — dans la fiche de préparation de l'émission destinée à la speakerine, la présence de l'énonciation est encore plus effacée.

Je propose ici l'étude de fragments d'une émission quotidienne d'environ trois minutes, *Les astuces de Mme Truc*, diffusée sur Radio Monte-Carlo, et qui servit de base à l'édition d'un volume portant le même titre [1]. Grâce à l'obligeance de la speakerine responsable de l'émission, j'ai pu disposer d'extraits de la bande sonore, du livre et de fiches qu'elle avait rédigées pour la préparation de son émission. La comparaison se fait entre ces documents qui, dans les trois cas, traitent de conseils pour résoudre de menus problèmes domestiques: comment beurrer des biscottes sans les casser et comment craquer des allumettes humides.

2.3.1. ACTES DE PAROLE ET CONTENU INFORMATIF

On peut décomposer l'extrait en trois thèmes: 1 — justification du problème; 2 — présentation du problème; 3 — conseils sous forme de consignes qui impliquent la mise en œuvre des actes de parole suivants:
1 **argumenter**; 2 **décrire**; 3 **suggérer de faire**.
S'y ajoute, dans le livre et dans l'émission, en guise de conclusion, l'exposé du problème résolu.

---

1. P. Vani: *Les astuces de Madame Truc*, Paris, Albin Michel (1979).

2.3.2. TROIS SITUATIONS DE COMMUNICATION DIFFÉRENTES

Au cours de l'émission qui a lieu en direct, le locuteur essaie d'établir le contact avec des auditeurs éloignés et potentiels. Dans le livre, devenue scripteur, elle veut atteindre un public dont la lecture sera nécessairement différée par rapport au moment où elle écrit. Elle rédige les fiches pour elle-même, comme aide-mémoire ; elle en est donc le premier destinataire, mais elle les organise en fonction de l'émission à venir en y faisant figurer des repères pour elle et pour le futur auditeur. Il est vraisemblable également que ces documents écrits, classés par ordre alphabétique, ont aidé la speakerine dans la préparation de son livre. Leur rédaction appartient donc à une situation de communication originale, relais nécessaire à la mise au point de deux produits achevés : l'émission et le livre. Ces finalités différentes, du point de vue de la situation de communication, ne sont pas sans incidences sur la structure discursive des documents.

2.3.3. ESPACE ET LINÉARITÉ

Dans les fiches et dans le livre, **la mise en pages** donne déjà de premiers renseignements sur l'organisation sémantique des énoncés. Dans les fiches, les titres *Allumettes, Biscottes* annoncent le contenu de la future émission, aident la speakerine à classer son matériel par ordre alphabétique, et à établir son fichier. Dans le livre, ils permettent au lecteur d'effectuer un premier repérage parmi les thèmes traités. Le découpage en paragraphes (donné ci-dessous en tableaux) donne d'autres indications. Dans le livre, il isole les différentes informations, faisant ressortir particulièrement les consignes qui sont d'ailleurs également signalées par le signe ➡.

Allumettes		Biscottes	
§ 1	justification du problème	§ 1	justification du problème et problème
§ 2	le problème	➡ § 2	consigne 1 ⎫
➡ § 3	consigne : le truc le problème résolu	➡ § 3	consigne 2 ⎬ le truc le problème résolu

Dans les fiches, ce découpage, qui n'a d'effet que pour la speakerine, est moins rigoureux (par exemple, il y a deux paragraphes dans la fiche *Allumettes* pour une seule information : la justification du problème).

Au cours de l'émission, le locuteur remplace l'utilisation de la dimension spatiale par celle des traits prosodiques, particulièrement les pauses et accents d'insistance. Dans la plupart des cas, les pauses ont un rôle syntaxico-sémantique et marquent la fin de phrases simples ou complexes.

Dans quelques occurrences cependant, elles mettent en relief les informations : ainsi les pauses après « *allumettes /* » (A6), « *vernis à ongles /* » (A11) et « *paquet /* » (B8) attirent l'attention des récepteurs sur la consigne.

De la même manière, les accents d'insistance aident le locuteur à structurer son discours et permettent à l'auditeur-récepteur d'en suivre plus aisément l'organisation sémantique, que ce soit au plan de l'exposé des informations dont de nombreux accents d'insistance indiquent l'importance, ou de leur organisation logique par un emploi sur les « mots du discours » « *donc* » et « *mais* ». Leur apparition sur des mots traduisant des modalités appréciatives, « *heureusement* » (A9), « *bien sûr* » (A3), donne, de façon détournée, le point de vue du locuteur sur son énoncé.

L'utilisation de la dimension spatiale, à l'écrit et à l'oral, des traits prosodiques donne de premières indications sur les traces, dans l'énoncé, de la présence du sujet énonciateur et de l'énonciataire.

2.3.4. LES MARQUES DE L'ÉNONCIATEUR ET DE L'ÉNONCIATAIRE

J'envisagerai successivement l'emploi des marques personnelles, celui des formes temporelles et des modalités.

Dans les deux documents sonores, le pronom « *je* » apparaît trois fois : « *je ne sais pas* » (A1), « *je suis certaine que* » (B2), « *je l'espère* » (B14). On ne trouve, en revanche, aucun exemple de cette trace du sujet énonciateur dans la fiche ou dans le livre.

Pour justifier le choix du problème envisagé, le locuteur ou le scripteur peut utiliser le pronom « *nous* » qui inclut énonciateur et énonciataire. Il en existe une occurrence dans l'émission sur les biscottes, mais ce pronom n'est jamais utilisé dans les documents écrits. Par contre « *on* », qui peut prendre la valeur de « tout le monde dont nous », marque dans ce document d'une implication moindre de l'énonciateur, est employé dans les trois extraits traitant des biscottes.

Fiche	Émission	Livre
on finit souvent par y renoncer (5)	*on finit souvent par y renoncer* (4)	on essaie de beurrer (2) on n'a pas pensé (4) on en casse une (5) on finit par y renoncer (6)

« *Vous* » et « *votre* », très employés au cours de l'émission, sont des traces de l'énonciataire.

	Fiche	Émission	Livre
Allumettes le pronom «*vous*»	Aucun exemple	10 occurrences	vous arrivez (1) vous n'avez pas (2) 4 occ. vous vous précipitez (4) vous êtes (9)
Biscottes le pronom «*vous*»	Aucun exemple	10 occurrences	vous pourrez 1 occ. désormais (16)
Allumettes le déterminant «*votre*»	Aucun exemple	1 occurrence *votre gaz* (4)	votre flacon (11) 2 occ. votre maison (1)
Biscottes le déterminant «*votre*»	Aucun exemple	2 occurrences *votre appétit* (9) *votre série de* *biscottes* (13)	vos petits déjeuners 1 occ. (17)

L'émission débute en général par un «bonjour» adressé à l'auditeur qu'on ne rencontre pas dans les deux extraits analysés ici. On y retrouve par contre le mot du discours «*eh bien*» (B6) caractéristique du type de contact qu'on essaie d'établir dans une émission de radio en direct.

La répartition des formes temporelles diffère d'un document à l'autre. L'impératif, forme temporelle qui permet au locuteur et au scripteur d'interpeller l'auditeur ou le lecteur apparaît plus fréquemment dans le livre.

Fiche	Émission	Livre
Allumettes 1 occurrence: trempez le bout de l'allumette	Aucun exemple	3 occurrences: allez tranquillement (...) trempez le bout de l'allumette (11) grattez de nouveau (13)
Biscottes Aucun exemple	1 occurrence: *n'y renoncez plus* (5)	5 occurrences: sortez-les (9), laissez-les (10) beurrez (12), mettez-la (13) procédez (14)

À l'inverse de ce qui se passe pour l'impératif, les formes «vous +
présent de l'indicatif» sont plus fréquentes à l'oral:

Fiche	Émission	Livre	
Allumettes	4 occurrences:	3 occurrences:	
Aucun exemple	*si vous avez* (1)		
	vous trempez (9)	*vous arrivez* (1)	
	vous souhaitez (10)	*vous n'avez pas* (2)	
	vous le trempez (11)	*vous vous précipitez* (4)	
Biscottes	3 occurrences:		
Aucun exemple	*vous faites* (9)		
	vous beurrez (10)	Aucun exemple	
	vous la passez (12)		

S'y ajoutent dans l'émission trois occurrences de «je + présent de
l'indicatif»: «*je ne sais pas*» (A1), «*je suis certaine*» (B2), «*je l'espère*»
(B14). L'infinitif, employé une fois au cours de l'émission sur les biscottes
pour désigner une partie de la consigne: «*l'astuce eh bien c'est de les sortir*»
(B7), n'est jamais utilisé dans le livre, mais apparaît par contre quatre fois
dans la fiche sur les biscottes pour désigner les opérations nécessaires à la
réalisation de la consigne. Futur et passé composé ne sont jamais présents
dans la fiche. Leurs rôles dans l'émission et dans le livre sont assez
semblables, à cette différence près que le futur n'est employé par le
scripteur que dans l'exposé du **problème résolu**: «la petite flamme jaillira
sans problème», «vous pourrez désormais aborder», alors que dans
l'émission il figure aussi pour la **justification du problème**: «*vous pourrez
essayer,*» «*que vous voudrez ça ne marchera pas*» (A6 et 7), «*ça réussira*»
(A7), «*l'humidité aura imprégné*» (A5 et 6) et **l'annonce de la consigne**:
«*vous verrez*» (A11), «*lorsque vous connaîtrez*» (B5).

Dans les fiches et dans le livre, le scripteur ne commente pas ses écrits,
alors que plusieurs fois au cours de l'émission le locuteur donne son point
de vue sur ce qu'il est en train d'énoncer, comme en témoignent les
modalités logiques: «*je ne sais pas*» (A1), «*il est probable que*» (A4) et
appréciatives: «*bien sûr n'a pas été chauffée*» (...) (A3) «*je l'espère*» (...)
(B14).

2.3.5. CONSTRUCTIONS SYNTAXIQUES ET DISCURSIVES

Une étude comparée de la répartition des constructions syntaxiques
dans les trois documents contribue à détruire l'illusion encore répandue
selon laquelle la syntaxe des discours oraux serait plus simple que celle des
discours écrits. Si on excepte les deux fiches dans lesquelles la justification
et l'exposé du problème passent par l'utilisation d'un questionnement
rhétorique, assorti de constructions complexes, on peut même affirmer que

celles utilisées dans le livre sont plus simples que celles de l'émission. On relève dans l'émission deux constructions caractéristiques d'un oral spontané : « *le bout de l'allumette que vous souhaitez craquer et qui donc est humide* » (A10) où le pronom « *qui* » est très éloigné de l'antécédent « *allumette* », une occurrence de « *ça* » (A7), une construction segmentée avec extraction de « *ces fameuses biscottes* » repris par le pronom « *elles* », une construction segmentée avec usage du présentatif « *c'est* » fréquemment utilisé dans les discours oraux : « *l'astuce eh bien c'est de...* » (B6) et une phrase nominale : « *un truc pour vous éviter de vous énerver au petit déjeuner* » (B1).

		Fiche	Émission	Livre
A l l u m e t t e s		La solution est simple (8) trempez le bout (9)	*il y a là aussi une solution qui est simple /* (9) *vous trempez le bout de l'allumette* (9) *vous le trempez dans un tube de vernis à ongles /* (11)	allez tranquillement chercher (...) et trempez (...) (10)
B i s c o t t e s		solution : les sortir du paquet par groupes de 3 ou 4, les laisser dans le même ordre, et beurrer la biscotte qui est dessus, la mettre sur le dessous, etc. (2ᵉ partie)	*l'astuce eh bien c'est de les sortir du paquet (...) en les laissant dans l'ordre où elles se trouvaient dans ce paquet /* (6 à 8) *donc vous faites un petit tas (...) et puis vous beurrez* (8 à 10) *ensuite lorsqu'elle est parfaitement beurrée sans s'être cassée donc vous la passez en dessous* (11-12)	Le remède est pourtant simple : Sortez-les du paquet par groupes de trois ou quatre et surtout laissez-les dans l'ordre où elles sont (9 et 11). Beurrez la biscotte qui se trouve dessus, puis, une fois beurrée, mettez-la sous le tas. Procédez de même pour la seconde, puis pour la troisième. (3ᵉ partie)

J'analyse plus particulièrement les constructions syntaxiques et l'organisation discursive de la consigne.

Dans les trois documents, elle est formulée de la manière suivante :

Elle peut être précédée d'une introduction :

| la solution est simple (A8) solution (B6) | *il y a là aussi une solution qui est simple (...)* (A9) *l'astuce eh bien c'est de (...)* (B6) | le remède est pourtant simple (7) (...) |

Dans le livre et dans la fiche, on relève une construction identique (S.N. + être + adj.), alors que dans l'émission la speakerine utilise une construction segmentée avec le présentatif « *il y a* »... et une segmentation de type « A... c'est K ».

La consigne des allumettes est, en dehors des différences temporelles, assez semblable dans les trois occurrences ; mais dans le livre, le scripteur distingue une opération supplémentaire : « allez chercher » et dans l'émission il y a redoublement de la consigne.

Pour les biscottes, les différences entre le livre et la fiche d'une part et l'émission d'autre part sont plus importantes. Dans l'émission, le locuteur utilise une construction segmentée et présente dans un même énoncé deux consignes : « *les sortir du paquet* » « *en les laissant* » (B7 et 8) ; dans le livre, on relève deux énoncés coordonnés, « sortez-les » et « laissez-les », et la formulation y gagne en concision. Au cours de l'émission, la speakerine est contrainte de répéter la consigne sous forme de paraphrases : « *les sortir... par groupes de trois ou quatre* » (B7), « *vous faites devant vous un petit tas de trois ou quatre* » (B9) ; pour compenser le caractère ambigu de son énoncé initial, elle doit utiliser les mots du discours : « *donc* » (B8), « *puis* » (B10), « *ensuite* » (B11).

2.3.6. CONCLUSIONS

Cette brève étude a permis de noter quelques-unes des différences existant entre ces documents sur le plan des constructions syntaxiques et de l'organisation discursive.

Dans l'émission, l'emploi de mots du discours, de « *je* », du présent de l'indicatif, de modalités auxquels s'ajoutent les effets sémantiques créés par la répartition des traits prosodiques, fait que l'opération d'énonciation y est **directement perceptible**. Dans le livre, la clarté de la mise en pages, l'usage dominant de l'impératif, l'emploi fréquent de l'indicatif, traduisent le souci du scripteur d'organiser sa rédaction en fonction du futur lecteur, mais il n'intervient jamais en tant que tel dans l'énoncé et les traces de l'énonciation y sont, de ce fait, plus **dissimulées** que dans l'émission. Dans la fiche qui est destinée principalement au scripteur (ici, la speakerine), une moins grande rigueur dans l'organisation spatiale, l'emploi privilégié de l'infinitif, sont autant d'exemples d'une **présence atténuée** de l'énonciateur.

Lors de l'émission, le locuteur dispose d'un temps très bref; dans le livre, le scripteur n'a qu'un espace limité. Dans les deux cas, il lui faut retenir l'attention de l'auditeur ou du lecteur. Au cours de l'émission, la speakerine essaie de créer le contact, en interpellant l'auditeur, en donnant son point de vue et son souci premier est de présenter logiquement l'enchaînement des opérations à effectuer. Dans le livre, la mise en pages permet de résoudre en partie ce problème, aussi le souci du scripteur se porte-t-il sur la mise en scène du truc à présenter, minirécit caractérisé par une situation initiale marquée sous le signe de la catastrophe, et par une situation finale empreinte de la sérénité retrouvée et où le truc apparaît comme l'objet magique permettant de surmonter l'épreuve, née de la situation de départ.

2.4. DÉPÊCHES D'AGENCE ET BULLETIN D'INFORMATIONS

Dans le dernier exemple de doublet, les différences essentielles entre le bulletin d'informations et les dépêches d'agence tiennent
— à l'utilisation de **l'espace** dans la dépêche et à la **linéarité** du bulletin,
— aux marques différentes de **l'énonciateur** dans son discours (plus perceptibles dans le bulletin), particulièrement en ce qui concerne la temporalité,
— à l'organisation dissemblable de la **narration** dans les deux documents.

Je terminerai cette présentation de quelques exemples de «**doublets**» **oral/écrit**, par la comparaison des textes de deux dépêches de l'Agence France Presse et le commentaire d'un même événement (l'arrestation d'un truand) dans un bulletin d'informations[1].

TRANSCRIPTION D'UN EXTRAIT DE BULLETIN D'INFOR-MATIONS

France-Inter 7 mars 1981 — 7 h 30

1 *arrestation: / mouvementée hier soir à paris de gérard dupré*
2 *l'un des évadés de / fleury: mérogis la fameuse évasion*

---

1. Cette étude avait fait l'objet d'une communication au colloque organisé sur le discours radiophonique par le Centre d'analyse du discours (5-6 novembre 1983, Paris).

3 *en hélicoptère / son compagnon d'évasion: / <u>daniel beaumont</u>: / lui*
4 *court / toujours / <u>mais</u> gérard dupré est tombé dans une véritable /*
5 *<u>souricière</u> / sa / cavale je vous le disais n'aura pas duré*
6 *<u>plus</u> de huit jours / comme dans les romans policiers les*
7 *<u>enquêteurs</u>: / <u>ont</u> cherché la femme et ils ont: suivi la petite*
8 *amie du truand / une fusillade a éclaté / au moment de*
9 *cette <u>a</u>rrestation: près du cimetière du <u>père</u> lachaise dans le onzième*
10 *arrondissement / gérard dupré a été blessé au ventre ainsi qu'<u>un</u>*
11 *complice qui lui servait de garde du corps /*
12 *ils sont à l'hôpital un inspecteur a été également*
13 *blessé aux jambes mais légèrement / de <u>la</u> série noire plus*
14 *vraie que nature /*

DÉPÊCHE nº 1 : Les circonstances de l'arrestation de Dupré

AFP EV85
PAR8873 3 IND 8218

URGENT
LES CIRCONSTANCES DE L'ARRESTATION DE DUPRE

PARIS 6 MARS (AFP) - GERARD DUPRE, L'EVADE EN HELICOPTERE DE LA PRISON DE FLEURY MEROGIS, ET UN COMPLICE, QUI CONTRAIREMENT A DE PREMIERES INFORMATIONS, N'EST PAS DANIEL BEAUMONT, LE SECOND EVADE DE FLEURY, ONT ETE CAPTURES VENDREDI SOIR, RUE DE LA FOLIE REGNAULT, UNE PETITE VOIE POPULEUSE AU COEUR DU 11EME ARRONDISSEMENT A LA SUITE D'UNE FILATURE DE PLUSIEURS JOURS, A DECLARE SUR PLACE UN POLICIER DE LA BRI.
PEU AVANT 21H, GERARD DUPRE, ANDRE PREBET, UN MALFAITEUR AGE DE 33 ANS, ET UNE JEUNE FEMME LES ACCOMPAGNANT, SE TROUVAIENT SUR LE TROTTOIR DE LA RUE DE LA FOLIE REGNAULT, A LA HAUTEUR DU NUMERO 30, LORSQUE LES POLICIERS DECIDERENT D'INTERVENIR : "UNE VOITURE A BOUCHE UNE EXTREMITE DE LA RUE, ET UNE AUTRE L'AUTRE EXTREMITE", A PRECISE UN DES ENQUETEURS.
QUELQUES SECONDES PLUS TARD, LE FEU ETAIT OUVERT DE PART ET D'AUTRE. UN INSPECTEUR DE LA BRI ETAIT TOUCHE A LA JAMBE PAR UNE BALLE DE GROS CALIBRE. DANS LE MEME TEMPS GERARD DUPRE ETAIT ATTEINT PAR PLUSIEURS PROJECTILES. QUANT A SON COMPLICE, IL A EGALEMENT ETE ARRETE PAR LES POLICIERS APRES UNE VERITABLE BATAILLE RANGEE A COUPS DE POINGS. LA JEUNE FEMME, A ETE INTERPELLEE QUELQUES INSTANTS PLUS TARD.

AFE/NA/AB
AFP 062156 MAR 81

DÉPÊCHE nº 2 : Les circonstances de l'arrestation de Dupré

AFP EX26
PAR/86784 IIND 8175

LES CIRCONSTANCES DE L'ARRESTATION DE DUPRE

PARIS, 6 MARS (AFP) - UNE FEMME, FAMILIERE DES EVADES EN HELICOPTERE DE LA PRISON DE FLEURY-MEROGIS, SURVEILLEE NUIT ET JOUR, A PERMIS L'ARRESTATION, VENDREDI SOIR, DE GERARD DUPRE ET D'UN COMPARSE, ANDRE PREBET, 33 ANS,

ORIGINAIRE DE VERSAILLES. DANIEL BEAUMONT LE COMPLICE D'EVASION DE DUPRE, ETAIT A 22 H INTROUVABLE.

L'OPERATION DE POLICE S'EST DEROULEE TRES RAPIDEMENT PEU AVANT 21 H. C'EST L'HEURE QU'AVAIT CHOISIE POUR INTERVENIR DANS LE 11EME ARRONDISSEMENT LES HOMMES DES COMMISSAIRES BROUSSARD ET SERGE DEVOS, CHEF DE LA BRIGADE DE RECHERCHE ET D'INTERVENTION ET DE LA BRIGADE DE REPRESSION DU BANDITISME, AINSI QUE DES INSPECTEURS DU SRPJ DE VERSAILLES, QUI A LA MAITRISE DE L'ENQUETE.

LA RUE DE LA FOLIE-REGNAULT OU VA ECLATER LA FUSILLADE, QUELQUES INSTANTS AVANT 21 H, EST UNE VOIE POPULEUSE DU QUARTIER DU CIMETIERE DU PERE LACHAISE, PRATIQUEMENT DESERTE EN CE DEBUT DE NUIT. LES COMMERCANTS ONT FERME BOUTIQUE. PEU DE PASSANTS SE TROUVENT SUR PLACE.

SUIVRA...
NA/AB
AFP 862212 MAR 81

2.4.1. NARRATIVITÉ: UN RÉCIT IDENTIQUE

Dans les trois documents, l'événement rapporté ainsi que l'histoire qui en est tirée sont identiques: il s'agit d'un fait divers qui sert de point de départ à une sorte de miniroman policier. Si l'on admet l'hypothèse selon laquelle tout récit construit suppose: 1 — le passage d'un état initial à un point d'arrivée, grâce à une transformation généralement réalisée sous forme d'épreuves; 2 — une polémique entre un **sujet** et un **anti-sujet**; 3 — l'existence de deux **parcours narratifs** antinomiques ayant comme programme de base un sujet dépossédé (ou disjoint) au départ d'un **objet** (S ∪ O), et à l'arrivée la conjonction du sujet avec l'objet (S ∩ O); 4 — l'existence, dans les deux cas, d'un **opposant** et d'un **adjuvant**, nous retrouvons ces caractéristiques dans le minirécit développé ici[1]. Le **sujet** (représenté par les acteurs policiers) désire obtenir un **objet** (l'arrestation de Dupré). Cet objet sera atteint à travers une épreuve décomposable en deux: la filature (épreuve qualifiante) et la fusillade (épreuve glorifiante). Il est aidé dans l'accomplissement de sa tâche par un adjuvant (l'acteur-femme). L'actant opposant est, dans ce cas, confondu avec celui de l'anti-sujet. À l'inverse, le parcours de l'**anti-sujet** se marque par le désir de l'obtention d'un objet (la liberté) qui ne sera pas atteint. L'opposant, dans ce cas, est assuré par deux acteurs: les policiers et la femme. Sujet et anti-sujet contribuent directement à l'action et sont pour cette raison des actants pragmatiques. On voit aussi se dessiner un parcours actanciel particulier: celui d'un opposant-adjuvant (représenté ici par l'acteur-femme) qui perd l'objet auquel elle était conjointe (l'amour du truand) et contribue indirectement par le **savoir** qu'elle détient à la transformation narrative; il appartient de ce fait aux actants **cognitifs**.

---

1. J'utilise pour ce type de récits, et de manière très simplifiée, certains concepts empruntés à la théorie de la narrativité d'A. Greimas.

2.4.2. CONDITIONS DE RÉALISATION ET SITUATION DE COMMUNICATION

La différence essentielle entre les deux types de documents vient évidemment de l'utilisation du support qui est oral pour le bulletin d'informations et écrit dans les dépêches d'agence. La fabrication de ces deux produits implique néanmoins l'utilisation successive de l'oral et du scriptural : mise en forme préalable du bulletin à partir de documents écrits, rédaction des dépêches à partir de sources diversifiées et qui peuvent être orales. Tous deux sont soumis, quoique de manière différente, à des impératifs temporels. La diffusion des nouvelles aux clients, la concurrence des agences entre elles, imposent au rédacteur une mise en forme rapide de son papier. Le journaliste radio doit disposer de la manière la plus efficace du temps limité qui lui est imparti pour transmettre les nouvelles aux auditeurs. La transmission de l'information radiophonique demande l'appareillage technique du studio dans lequel le journaliste est installé. Le rédacteur d'une dépêche travaille à l'aide d'une console qui envoie le texte à l'ordinateur, ce qui implique l'utilisation d'un code et d'un format précis ; le texte ne doit pas excéder 250 mots, ce qui correspond à la taille de l'écran du récepteur.

Dans les deux cas, émetteur et récepteur sont éloignés et sans dialogue entre eux. Mais le contact entre le journaliste et l'auditeur est immédiat, celui entre le rédacteur et ses clients est différé. Le public cible n'est pas le même ; le rédacteur de la dépêche d'agence écrit pour ses clients : journalistes de la presse écrite, parlée et télévisuelle. Le journaliste radio s'adresse à des auditeurs hétérogènes et potentiels qui n'appartiennent pas, sauf exception, à son milieu professionnel.

L'élaboration de la dépêche est soumise à ce qu'on serait tenté d'appeler un protocole de règles d'écriture. Le papier est subdivisé en paragraphes ou tiroirs : chacun d'entre eux constitue une unité autonome qui peut être retirée au gré du journaliste destinataire. La construction de la dépêche est dite en pyramide : l'information est le résultat d'une synthèse de matériaux divers et suppose la collaboration de plusieurs scripteurs. La déontologie de la profession impose de ne donner qu'une information factuelle dépourvue de commentaire personnel. Le journaliste radio dispose également de plusieurs sources pour la rédaction de son bulletin : dépêches d'agence, correspondants, presse, autres stations de radio et de télévision. S'il a la possibilité de commenter, il doit avoir le souci de l'exactitude de ce qui est transmis ; il s'y ajoute la nécessité d'un contact bref et efficace à établir avec un auditeur éloigné et potentiel dont il doit capter l'attention. Au plan de la communication, les **finalités** professionnelles des deux émetteurs sont différentes : le premier doit être **crédible**, le second **cru** et **écouté**.

2.4.3. ESPACE ET LINÉARITÉ

Sur la bande de papier qui leur sert de support, les dépêches de l'Agence France Presse occupent **un espace** qu'on peut découper en quatre ensembles:

1 — en haut à gauche, deux lignes faites de sigles, lettres, chiffres, indiquant l'utilisation d'un ordinateur dans la composition des dépêches;
2 — un titre précédé, dans la dépêche n° 1, d'un mot isolé «urgent»;
3 — le corps de la dépêche composé, dans les deux exemples, de trois paragraphes: «les tiroirs»;
4 — deux sous-ensembles, l'un comportant des lettres, l'autre des lettres et des chiffres précédés, dans la dépêche n° 2, par un mot isolé: «suivra».

Ces regroupements, la nature du papier, le type de caractères typographiques utilisés, la couleur de l'encre d'imprimerie, permettent de repérer immédiatement la nature du document (dépêche d'agence) et quelques-unes des caractéristiques de ses conditions de réalisation (frappe sur console, passage par l'ordinateur).

Le bulletin d'informations se déroule linéairement, mais les **repères visuels** donnés par **la graphie** et la disposition dans l'espace y sont remplacés par les **indices auditifs** que sont la voix du journaliste et l'utilisation de traits prosodiques.

2.4.4. TRAITS PROSODIQUES ET RYTHMIQUES

Les pauses, extrêmement brèves, accompagnent toutes une fin de phrase mais ne suivent cependant pas rigoureusement le découpage syntaxique, puisqu'il n'y a aucune pause après «*ils sont à l'hôpital*» (12). Si les pauses sont brèves, **le débit** moyen est lui, en revanche, assez lent (environ 5 S/s). Ce contraste entre la brièveté des pauses et la lenteur du débit est dû aux contraintes de la situation de communication. L'équilibre entre des pauses rapides et un débit lent participe sans doute d'un effort fait par le journaliste pour se faire entendre de l'auditeur en un temps limité.

Des effets semblables sont provoqués au niveau rythmique par la présence de syllabes finales allongées par exemple «*arrestation*:» (1), «*évasion*:» (3) et, au niveau prosodique, par la présence d'accents d'insistance: «*les enquêteurs*» (7), «*ont cherché*» (7), «*un complice*» (10), «*blessé*» (13). Tous ces effets permettent de mettre en relief:
— les acteurs du récit: «*daniel beaumont*» (3), «*les enquêteurs*» (7),
— les fonctions narratives constitutives de l'épreuve: «*au moment de cette arrestation*» (9), «*évasion*» (2), «*souricière*» (5),
— les repères spatio-temporels «*fleury mérogis*» (2), «*père lachaise*» (9),
— l'articulation logique de la narration: «*mais*» (4) et les interventions du sujet énonciateur: «*de la série noire plus vraie que nature*» (13-14).

2.4.5. LES MARQUES DE L'ÉNONCIATEUR ET DE L'ÉNONCIATAIRE

Dans les deux dépêches, elles sont l'inscription dans le texte de ses conditions de production et de sa situation de communication; elles appartiennent, pour l'essentiel, à un code fonctionnel, immédiatement déchiffrable par les destinataires [1].

Cependant, dans la dépêche n° 1, le rédacteur mentionne un changement dans la nature des informations transmises: « contrairement à de premières informations » (6). Cette intervention attire les journalistes destinataires sur le travail effectué à l'agence: les sources ont été vérifiées et l'information modifiée en conséquence. Dans le bulletin d'informations, le journaliste interpelle l'auditeur: « *je vous le disais* » (5). Dans les énoncés: « *comme dans les romans policiers* » (6), « *de la série noire plus vraie que nature* » (13), il commente les événements qu'il est en train de présenter. Comme il ne s'adresse pas à des gens de sa profession, il peut proposer des commentaires qui vont au-delà de l'analyse factuelle des événements.

2.4.6. REPÈRES SPATIO-TEMPORELS

Dans les dépêches d'agence, les lieux de production des énoncés (agence de presse, numéro et origine de la dépêche) et du déroulement du procès (numéro de l'arrondissement, adresse...) ainsi que l'heure de rédaction: 6 mars 1981, 21 h 56 (dép. n° 1), 6 mars 1981, 22 h 12 (dép. n° 2), sont indiqués. Toutes ces précisions, destinées à aider les journalistes lecteurs, sont également des indices de l'authenticité de l'information. Les repères spatiaux se font tous par rapport au référent et les repères temporels sont, soit référentiels, soit posés par rapport à l'énoncé: « quelques secondes plus tard » (dép. n° 1, 16), « quelques instants plus tard » (dép. n° 1, 21), « quelques instants avant 21 heures » (dép. n° 2, 16).

Dans le bulletin d'informations, les repères spatio-temporels sont moins précis et s'ils se marquent, pour la plupart, par rapport au référent ou par rapport à l'énoncé: « *au moment de cette arrestation* » (9), ils se font, dans trois cas, par rapport au moment de l'énonciation: « *hier soir* » (1), « *pas... plus de huit jours* » (6), « *toujours* » (4). La différence de destinataires explique la moins grande précision des repères. L'utilisation du moment de l'énonciation, comme point de référence, souligne l'oralité du docu-

---

1. A.F.P. EV 85 et A.F.P. EX 26 donnent, outre le sigle de l'agence émettrice, le numéro de la dépêche sur l'ordinateur. PAR ∅ 673 3 et PAR 674 4 donnent l'origine de la dépêche, son numéro et sa catégorie. Il existe quatre types de dépêches correspondant aux degrés d'urgence dans la transcription de l'information: le plus rapide est le flash qui arrête toutes les autres dépêches. 3 désigne un texte urgent, 4 indique le développement d'une dépêche antérieure. Il peut être suivi d'autres feuillets, d'où la mention « suivra » de la dépêche n° 2. Les trois croix après le mot « urgent » symbolisent les coups de sonnette qui retentissent au moment de la tombée de la dépêche. Les initiales AFE/MA/AB/ placées au bas de la dépêche n° 1 sont, successivement, celles du rédacteur, du relecteur et du validant.

ment, mais tend aussi à montrer la prédominance du sujet énonciateur dans l'organisation de l'énoncé, ce que confirme l'étude des formes temporelles.

L'analyse de celles-ci permet de situer les deux discours par rapport à une énonciation **subjective** (cf. monde commenté) ou **objective** (cf. monde raconté). Leur étude divise le bulletin en trois ensembles : de « *arrestation* » à « *souricière* » (1 à 5), de « *sa cavale* » à « *huit jours* » (5 et 6) et de « *comme dans les romans policiers* » à « *de la série noire plus vraie que nature* » (6 à 14). Dans chacune de ces parties, les formes temporelles s'organisent toutes, sauf dans un cas, « *je vous le disais* » (5), autour du moment de l'énonciation, qu'il y ait coïncidence entre celui-ci et l'énoncé « *court toujours* » (4) ou antériorité « *ont cherché* » (7), « *ont suivi* » (7), « *a éclaté* » (8), « *a été blessé au ventre* » (10) ; lorsque ce point de repère n'est pas pris, cette absence de repérage est compensée par une intervention directe du sujet énonciateur. Cette division correspond à une répartition narrative : dans la première partie, le journaliste donne la situation finale du récit, dans la seconde, il met en parallèle situation finale et initiale, et dans la troisième, il met en place la dynamique du récit que constitue l'épreuve. Elle répond également à une contrainte imposée par la transmission de l'information : le bulletin débute par un résumé des faits et par la nouvelle que l'auditeur doit retenir, l'arrestation. Dans la seconde, qui sert de transition avec la narration, le journaliste, par un retour en arrière, rappelle à l'auditeur ce qui a déclenché l'événement, c'est-à-dire la fuite de Dupré. Dans la troisième, il complète l'information première par la narration de l'événement.

Dans la dépêche n° 1, les formes utilisées diffèrent d'un tiroir à l'autre. Dans le premier, les repères se font par rapport au moment de l'énonciation : qu'il y ait coïncidence entre énoncé et énonciation, « qui... n'est pas » (7), ou antériorité, « ont été capturés » (7), « a déclaré » (9). Dans les autres tiroirs, les formes temporelles sont décalées par rapport au moment de l'énonciation, « se trouvaient » (12) ; l'une d'elles, « décidèrent » (13) figure un procès dont le repère est étranger au moment de l'énonciation. Elles se distribuent en deux ensembles distincts qui correspondent à deux fonctions narratives différentes : la séquence finale et l'épreuve. Sur le plan de la transmission de l'information, cette répartition marque successivement la présentation et la narration de l'événement. Elle répond aussi aux règles d'écriture des dépêches qui stipulent que la clé événementielle doit être donnée d'entrée.

Dans la dépêche n° 2, cette division n'existe pas. Les formes employées se repèrent pour la plupart non par rapport à l'énonciation, mais par rapport à l'énoncé. On y relève toutefois un passé composé, « ont fermé » (17), un futur immédiat, « va éclater » (15), et deux présents, « est une voie » (16), « se trouvent » (18). L'utilisation du présent permet d'instaurer une zone de description dans le récit, ce qu'en terme de métier on appelle de la couleur. Cet emploi, qui repose sur une fusion fictive des temps de l'énoncé et de l'énonciation, crée un effet de réel et d'authenticité.

Toutefois, l'organisation des formes temporelles des dépêches se différencie fortement de celles du bulletin d'informations. Dans les dépêches, contrairement au bulletin, de nombreuses formes temporelles ne se repèrent pas par rapport à l'énonciation. Ces différences semblent, à première vue, tenir à deux modes de transmission différents de l'information: analyse factuelle dans les documents écrits, présence de commentaires dans le bulletin.

2.4.7. LA NARRATION

Après l'étude de l'usage des formes temporelles et de la plus ou moins forte émergence du sujet énonciateur dans son discours, j'envisagerai successivement le problème de la perspective de narration et celui de la focalisation.

Dans la dépêche d'agence n° 1, le rédacteur accentue le rôle du sujet. Dans la dépêche n° 2, la perspective choisie est tout à fait différente puisque le rédacteur met en relief celui de l'adjuvant-opposant (c'est-à-dire l'acteur-femme) en débutant son texte par «une femme». Dans le bulletin d'informations le journaliste met sur le même plan le sujet et l'anti-sujet.

Dans la dépêche n° 1, l'intervention du sujet énonciateur, «qui contrairement à de premières informations n'est pas Daniel Beaumont» (6-7) permet de distinguer énonciateur et narrateur. Comme elle ne réapparaît plus au cours de la dépêche, on ne peut plus par la suite distinguer les deux instances. Le sujet énonciateur-narrateur se dissimule derrière les personnages, en se situant au niveau du «*il*» ou en utilisant les énoncés rapportés au style direct, ce qui est une manière de donner «l'illusion du réel». Dans la dépêche n° 2, sujet énonciateur et narrateur ne sont plus dissociables puisque le sujet énonciateur disparaît complètement derrière les personnages.

Dans le bulletin d'informations, au contraire, la distinction entre la construction du narrateur et les traces du sujet énonciateur est tout à fait nette puisqu'on relève des interventions du sujet énonciateur qui portent:
— sur l'organisation du bulletin d'informations: «*je vous le disais*» (5),
— sur le caractère «nouvelle policière» de l'événement: «*comme dans les romans policiers*» (6), «*de la série noire plus vraie que nature*» (13-14).

2.4.8. CONCLUSIONS

Cette comparaison fait apparaître une fois encore les différences entre discours oraux et scripturaux. Toutefois, dans ce dernier exemple, les disparités sont certes dues, en grande partie, à des contraintes de la situation de communication. Mais on peut y voir également deux conceptions différentes de la transmission de l'information. En démontant le mécanisme de ce qu'il est en train de présenter : « *comme dans les romans policiers...* » (6), « *de la série noire plus vraie que nature* » (13-14), en se désignant à l'auditeur comme étant en train de faire un récit digne de la série noire, le journaliste met à nu la construction de l'événement et le rend ainsi plus digne de foi ; à la différence du rédacteur, chez qui, pour reprendre les mots d'E. Véron (1981, p. 77), « l'objectivité ne se mesure pas au poids du témoignage, mais à sa capacité de créer l'espace nécessaire, à l'évaluation, l'interrogation, la prudence devant des nouvelles qui arrivent et qu'il est souvent difficile de trier... »

2.5. CONCLUSIONS ET MISE EN TABLEAUX DES OPÉRATIONS DE TRANSCODAGE

Je ne peux présenter de conclusions définitives à partir de ces quatre exemples, mais je peux indiquer quels sont les points sur lesquels les enseignants peuvent attirer l'attention des apprenants, pour faciliter des opérations de transcodage. Je les présente sous forme de tableaux, en distinguant les principales différences existant entre les deux types de documents, aux différents plans définis dans la deuxième partie que sont les conditions de réalisation, la situation de communication et la situation d'énonciation.

DOCUMENT ORAL	DOCUMENT SCRIPTURAL
Conditions de réalisation	
• Utilisation de la voix et de l'oreille.	• Utilisation de la main (ou de ses substituts) et de l'œil.
• Le message se déroule dans le **temps**.	• Le message se déroule dans le **temps** et dans l'**espace**.
• Pas de retour en arrière ni d'effacement possible (sauf dans le cas d'enregistrement ou de montage).	• Possibilités de retours en arrière et de corrections.
• Simultanéité de l'énoncé et de l'énonciation.	• Décalage entre énoncé et énonciation.
Situation de communication	
• Locuteurs-interlocuteurs • **Proches** ou **éloignés**	• Scripteurs-lecteurs • Lecteurs généralement **éloignés**

- Interlocuteurs **actuels** ou **virtuels**
- Contact **immédiat** ou différé

- Lecteurs **virtuels**
- Contact généralement **différé.**

Situation d'énonciation
(caractéristiques linguistiques)

- Unité minimale : le **phonème.**
- Simultanéité au niveau **phonétique** des phénomènes **articulatoires** et **prosodiques.**
  L'oral est « **syncrétique** » (cf. Peytard, 1982).
- **Morphologie**
  Formes moins redondantes dans les discours oraux.
- **Morpho-syntaxe**
  - Découpage en groupes rythmiques et groupes de souffle.
  - **Décalage** possible entre la **segmentation** orale et le découpage syntaxique en phrases.
  - **L'impossibilité d'un retour en arrière** peut être à l'origine d'erreurs grammaticales.
  - Des paramètres sociosituationnels comme le caractère improvisé de la situation de communication, le thème de l'échange, une moindre habileté dans le maniement de la parole publique, peuvent entraîner un non-respect de la norme.
  - Cependant, ce non-respect varie en fonction des conditions de réalisation et de la situation de communication des productions orales.
  - Ruptures de construction, constructions inachevées, redondance du groupe sujet, sont caractéristiques des cas définis ci-dessus.
  - Les emplois de « *ça* », « *on* », des présentatifs « *c'est* » et « *il y a* », des énoncés juxtaposés ainsi que des constructions segmentées de type A et B, sont relativement fréquents.
- **Niveau discursif**
  (au-delà de la phrase)

- Unité minimale : le **graphème.**
- Inexistence des traits prosodiques, mais utilisation de la typographie, de la mise en pages et/ou de commentaires. Le scriptural est « analytique » (cf. Peytard, 1982).
- **Morphologie**
  Formes plus redondantes dans les discours scripturaux.
- **Morpho-syntaxe**
  - Découpage en mots, séparés par des blancs.
  - Les fins de phrase sont signalées par la ponctuation.

  - **La possibilité de raturer**, de revenir sur ce qui a été écrit réduit la marge d'erreurs.
  - Le respect de la norme varie également en fonction des conditions de réalisation et de la situation de communication.

  - Néanmoins, les conditions matérielles de production des discours facilitent un « bon usage » de la langue.

  - La redondance du groupe sujet peut exister dans des discours scripturaux de registre familier.

  - Un emploi sans doute moindre, surtout dans les écrits de registre soutenu, des présentatifs, des pronoms « *ça* » et « *on* ». Les constructions segmentées de type B sont en général proscrites.
- **Niveau discursif**
  (au-delà de la phrase)

- **Repères temporels et spatiaux**
  Ils se font plus souvent que dans les discours scripturaux par rapport au moment de l'énonciation. Parmi les formes temporelles, certaines sont peu ou pas utilisées.
- Si locuteur et interlocuteur sont proches l'un de l'autre, le contexte immédiat n'est pas indiqué. Il appartient à ce que J. Peytard appelle le « non-verbal ».

- **Modes d'adresse**
  Les marques des relations entre locuteur et interlocuteur sont toujours **indiquées**.

- **Énoncés rapportés**
  Dans les documents étudiés, c'est le D.D. introduit par le verbe dire au passé composé, qui est utilisé.

- **Enchaînements**
  Les « **mots du discours** » caractéristiques de l'oral ont un rôle important : « *bon, ben, hein, quoi, et, puis, alors* » sont très fréquemment employés.
  Hésitations et répétitions contribuent à l'**enchaînement** des énoncés.

- **Marques de l'énonciateur**
  Nombreuses marques de l'énonciateur dans le discours, que ce soit au niveau de l'usage des traits prosodiques, des formes temporelles, des modalités, des énoncés rapportés, des ratés discursifs...
- **Polyphonie discursive**
  Le discours tenu est simultané à son élaboration. Aussi, les marques d'énonciation indiquant le discours en train de se constituer, sont-elles nécessairement apparentes et entraînent des diffé-

- **Repères temporels et spatiaux**
  Les formes temporelles varient selon les types de discours. A priori, toutes sont possibles.

- L'éloignement nécessaire des scripteurs et des récepteurs-lecteurs contraint le scripteur à décrire le contexte dans lequel il rédige.

- **Modes d'adresse**
  Lorsque le scripteur rapporte un énoncé oral antérieur, il tend à **effacer** les relations existant entre le locuteur et le ou les interlocuteur(s), originel(s).

- **Énoncés rapportés**
  Dans les « **doublets** » analysés le D.D. est repris, mais il s'y instaure une zone de **commentaires** inexistante à l'oral.

- **Enchaînements**
  Les hésitations n'existent pas. On a tendance, dans les registres soutenus, à remplacer les répétitions par des **anaphores** de type lexical. Sauf dans les cas où le scripteur veut « imiter » un discours oral, les « **mots du discours** » n'existent pas. Dans les discours de registre soutenu, l'utilisation de « *puis, et, alors* » est moindre que dans les discours oraux.

- **Marques de l'énonciateur**
  Tendances à l'effacement par le transcodeur de la présence dans le discours de l'énonciateur d'origine.

- **Polyphonie discursive**
  Tendance, en général, à **effacer** la voix du locuteur-énonciateur d'origine, et à dissimuler sa propre **voix** en tant que **scripteur**, mais création d'un **narrateur** et de **personnages**, par l'ajout possible

rences entre deux instances : le **locuteur-énonciateur** et le **locuteur-narrateur**.

Dans le cas où le locuteur rapporte les propos d'autrui, on distingue plusieurs voix : la sienne et celle des autres énonciateurs cités.

de commentaires sur les informations de départ.

Le scripteur, sauf dans les cas d'auto-transcodage, est différent du locuteur originel, on distingue donc plusieurs voix : la sienne et celle du locuteur-énonciateur d'origine.

● **Le dit et le non-dit discursif**

Les conditions d'élaboration du discours, l'utilisation de marques linguistiques (« mots du discours », formes temporelles, énoncés rapportés...) tendent à **orienter** l'**interprétation** du discours par le récepteur, sans que celle-ci soit nécessairement explicitée (non-dit).

● **Le dit et le non-dit discursif**

Le transcodeur, placé comme l'interlocuteur d'origine en position d'**interprétant**, tend, à travers des commentaires, à **expliciter** le non-dit du discours oral.

● **Pragmatique du discours**

Effort constant du locuteur pour **maintenir le contact** avec les interlocuteurs afin d'agir sur eux par l'intermédiaire du discours tenu (rôle des accents d'insistance, des constructions segmentées, des marqueurs d'enchaînement).

● **Pragmatique du discours**

Tendances à effacer les marques dans le discours du contact originel entre locuteur/interlocuteur, sans nécessairement rechercher un remplacement qui aurait un effet pragmatique. Dans le cas où cet effet est recherché, tendance à s'adresser directement au récepteur, en effaçant les marques du scripteur.

ANNEXES: DEUX EXEMPLES DE FICHES PÉDAGOGIQUES

En annexes, je présente deux exemples de fiches pédagogiques. La première se rapporte à l'étude du récit d'un vigneron, la seconde à celle du «doublet» de l'émission *Radioscopie*. La partie reproduite est celle destinée aux enseignants. On y retrouve le découpage ternaire exposé dans la première partie de l'ouvrage et, pour chacun des exercices suggérés, des documents y afférant.

FICHE PÉDAGOGIQUE : LE RÉCIT D'UN VIGNERON

ÉCOUTER POUR REPÉRER

Objectifs : Repérage du locuteur, du cadre spatial, de la thématique d'ensemble.

Procédures
Exercice n° 1
Utiliser, pour l'identification du locuteur, des photos représentant quatre personnages différents : un cafetier, un vigneron assez jeune près de sa vigne, un vigneron d'un certain âge tenant un verre à la main (doc. 1). Les apprenants doivent choisir quel est, parmi ces documents visuels, celui qui, à leur avis, représente le mieux le locuteur.

Exercice n° 2
La procédure est similaire : parmi trois photos de sites différents (doc. 2) : une montagne, une petite ville, un village au milieu des vignobles, les apprenants doivent choisir celle qui se rapproche le plus du cadre spatial du récit de vendanges ; enfin, parmi trois photos évoquant trois activités distinctes : les foins, la cueillette des cerises, les vendanges (doc. 3), ils doivent sélectionner celle qui correspond au thème central du récit.

Exercice n° 3
Faire retrouver sur un extrait de carte, Pouilly-sur-Loire, le nom du village d'où le vigneron est originaire (doc. 4).

ÉCOUTER POUR IDENTIFIER

Objectifs : Faire reconnaître les principaux épisodes du récit.
Exercice n° 1
Deux documents visuels sont également employés. L'un représente une jeune femme mince, l'autre une femme assez forte (doc. 5). Les apprenants doivent reconnaître laquelle des deux représente la cousine et faire figurer, dans la bulle restée vide, les propos du locuteur sur la jeune femme.

Exercice n° 2
Le document n° 6a est une photo de pressoir. Les apprenants doivent procéder comme précédemment : repérer le passage du document sonore qui correspond à la description du pressoir et reconstituer, dans une bulle, ce qu'en dit le vigneron.

Exercice n° 3
Le document n° 6b représente des vignerons dans une cuve. Ils sont en train de fouler (ou tasser) le raisin. Faire retrouver le début et la fin du passage du document sonore qui correspond au document visuel. À cette occasion, expliquer aux apprenants la signification de l'expression *tasser le raisin* et du mot *tines* (sorte de baquet en bois utilisé autrefois pour transporter le raisin jusqu'au pressoir).

ÉCOUTER POUR RÉFLÉCHIR ET PRODUIRE

I — **Objectifs** : Sensibiliser les apprenants à la structure narrative du récit.

Procédures
Exercice n° 1
«Truquage» du document sonore. Insérer après «*puis*» (9), le contenu des séquences **évaluation** et **résolution**. Après «*jusque*» (28), placer le contenu de la séquence **complication** et ajouter la séquence **morale**.

Faire écouter cette version «truquée» aux apprenants et demander s'ils remarquent un changement par rapport au récit préalablement entendu. En cas de réponse négative, faire écouter cette version avec la transcription du document original et faire retrouver les différences existant entre les deux en faisant encadrer les passages déplacés.

Exercice n° 2
Enregistrer séparément les cinq séquences:

séquence 1 : **orientation**, de «*j'avais une cousine*» à «*que ma mère avait préparé*» (8)
séquence 2: **complication**, de «*puis/alors c'est une cousine elle était mince*» à «*elle était malade*» (15)
séquence 3 : **évaluation**, de «*alors on lui a dit*» à «*tu vas marcher sur le marc*» (20)
séquence 4 : **résolution**, de «*mais alors/ce marc qu'était qui venait d'être broyé*» à «*elle avait du raisin jus*» (28)
séquence 5: **morale**, de «*alors c'est un des trucs*» à «*distraction hein*» (30).

Diviser la classe en quatre groupes; distribuer à chacun d'eux un des fragments du récit et faire transcrire le passage entendu. Cette tâche achevée, faire inscrire au tableau le résultat de chacun des groupes et faire reconstituer l'anecdote originale.

II — **Objectifs**: Reconnaissance des zones d'énoncés rapportés et de leur place dans le récit.

Procédures
Exercice
Distribuer un document (doc. 7) comportant à l'intérieur des bulles les différents énoncés rapportés. Celles-ci sont en désordre. Les apprenants devront les numéroter de 1 à 5 et inscrire, dans le cadre prévu à cet effet, le nom des personnages dont le vigneron est censé rapporter les propos (la cousine, les autres vendangeurs, etc.)

III — **Objectifs**: Sensibiliser les apprenants au rôle du narrateur dans le récit: ce dernier s'adresse à ceux qui l'écoutent, décrit les personnages, les lieux, les objets, raconte les événements et relate des propos. Ce dernier point ayant fait l'objet d'un exercice spécifique, cette entrée ne figurera pas dans le tableau proposé aux apprenants.

Procédures
Exercice
Répartir les apprenants en deux groupes et faire remplir le tableau (doc. 8); l'un travaille sur les entrées: 1a, 1b, 1c, le second sur 1d et 1e. Confronter les résultats et les faire commenter.

IV — **Objectifs**: Sensibiliser les apprenants au rôle des différents localisateurs temporels, particulièrement à celui de «*alors*», à l'utilisation des formes temporelles appropriées et à l'opposition présent/passé composé vs imparfait/plus-que-parfait.

Procédures
Exercice n° 1
Le document n° 9 est une transcription «simplifiée» comportant des cases vides où devront figurer les différents localisateurs temporels ainsi qu'une partie des énoncés. Le travail consiste à faire retrouver ces diverses expressions de temps. Attention! Leur présence ne coïncide pas nécessairement avec leur apparition chronologique dans le récit.

Exercice n° 2
Faire faire une transposition de l'anecdote à une époque beaucoup plus récente que celle choisie par le vigneron; dans son cas, il s'agit des vendanges telles qu'on les faisait il y a une trentaine d'années. On pourrait imaginer, par exemple, qu'il s'agit de l'année précédant le récit du vigneron (c'est-à-dire 1978). Dans ces conditions, les formes temporelles le plus fréquemment utilisées seront le présent ou le passé composé; faire remplacer le localisateur « à ce moment-là » par « l'année dernière ». On arrêtera cette transposition à « un/un plein saladier d'haricots verts » (13).

V — **Objectifs**: Création d'autres récits oraux.

Procédures
Exercice n° 1
À partir des deux énoncés rapportés formant un «dialogue» entre le cousin et la cousine: «ben tiens on va manger» et «mais y en reste hein qu'est-ce que t'en qu'est-ce que tu en penses cousin on va finir tout ça», faire inventer d'autres anecdotes orales où ces propos pourraient être insérés. Les apprenants devront choisir un lieu, un cadre temporel, un narrateur, des personnages, des péripéties et insérer de manière appropriée les deux citations.

Exercice n° 2
Faire raconter le récit de vendanges, en choisissant d'autres narrateurs: la cousine, le père, la mère, un autre vendangeur ou... le pressoir! Les exercices de II, III et IV devraient aider les apprenants dans leur réalisation. Si possible, faire enregistrer les différents récits.

VI — **Objectifs**: Transformation du récit en une courte présentation radiophonique, illustrant la période des vendanges.

Procédures
Exercice
Les apprenants devront produire un document qui n'excédera pas 1'. Ils devront pour cela procéder à ce qu'on appelle, en langage radiophonique, un nettoyage, c'est-à-dire supprimer les passages où le locuteur fait des répétitions, des hésitations, utilise des «mots du discours» comme «hein» ou «quoi» et ôter les passages où le vigneron s'adresse directement à ses interlocuteurs. En revanche, ils devront, en tant que journalistes, s'adresser à leurs auditeurs, en leur situant l'anecdote et en la commentant. Faire enregistrer les productions.

VII — **Objectifs**: Narration de l'anecdote dans une production écrite.

Procédures
Exercice
Faire simuler la situation suivante: la cousine envoie une carte à une «copine» de l'atelier de confection où elle travaille comme couturière. Les apprenants devront: 1 — tenir compte de la disposition sur la carte, 2 — repérer les principales informations, 3 — supprimer les hésitations, 4 — les formes temporelles utilisées seront le présent et le passé composé. Le registre de langage restera familier.

DOCUMENT 1

DOCUMENT 2

DOCUMENT 3

DOCUMENT 4

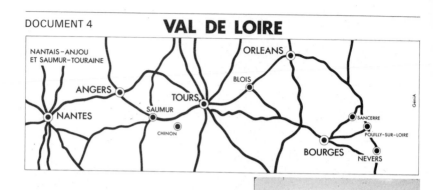

VAL DE LOIRE

DOCUMENT 5

ANNEXES

DOCUMENT 6

DOCUMENT 7

DOCUMENT 8

LE VIGNERON...

s'adresse à ceux qui l'écoutent I-a	décrit			raconte ce qui se passe I-e
	les personnages I-b	les lieux I-c	les objets I-d	

DOCUMENT 9

1 [ ] elle avait pris quinze jours

2 [ ] on déjeunait dans les vignes

3 c'était les voitures à chevaux [ ]

4 il ramenait le manger [ ]

5 [ ]
- elle était mince
- elle était rigolote
- on a dit ben tiens on va manger
- on lui a dit ben ce qu'il faudrait que tu fasses
- ce marc qu'était qui venait d'être broyé
- elle a foncé dedans
- on a dit voilà faut que tu tasses
- elle était rigolote parce que euh elle savait qu'elle faisait ça (...)
- elle a dit oui mais après hein je veux du lavage
- après on a pris le jet

6 [ ]
- c'est une des des trucs comme ça
- elle était malade.

FICHE PÉDAGOGIQUE: «LE DOUBLET» DE *RADIOSCOPIE*

ÉCOUTER }
LIRE   } POUR REPÉRER

Objectifs: Les exercices de cette partie ont pour objectifs: 1 — la compréhension globale des deux documents; 2 — le rappel des différences fondamentales existant entre l'oral et le scriptural. Ils portent essentiellement sur les conditions de réalisation et la situation de communication de chacun des discours: l'utilisation de la voix et de la seule dimension temporelle (document oral), et celle de l'espace avec le rôle de la mise en pages et du code typographique (document écrit).

Un des premiers indices de la situation d'interview est, à l'oral, celui des deux locuteurs en «face-à-face»; il est donc nécessaire de vérifier que les élèves ont compris ce paramètre de base. Cette question sur le nombre des locuteurs est remplacée, pour le groupe écrit, par une observation sur les initiales désignant les deux personnes en présence.

Dans le document sonore, plusieurs éléments sont perçus simultanément: la situation d'interview, le caractère médiatisé de l'échange. Cette dernière indication permet au récepteur de localiser le message (studio d'enregistrement), même si cette localisation n'est qu'implicite. En revanche, pour que ce repère spatial soit connu des lecteurs, il doit être mentionné explicitement. Ainsi, une question d'apparence anodine sur le lieu de déroulement du message, permet-elle de rappeler le caractère «syncrétique» de l'oral, opposé à l'aspect analytique du scriptural.

Le groupe écrit ne peut pas répondre à une question sur l'accent de S. Floirat, puisque le scripteur n'y fait pas allusion. À l'inverse, on peut interroger les membres du groupe oral sur ce problème, car on peut penser que des apprenants étrangers peuvent être sensibles, sinon à l'origine de cet accent, du moins à la différence existant de ce point de vue entre les deux locuteurs. Comme S. Floirat se sert, consciemment ou non, de cet accent pour créer un personnage, c'est uniquement le groupe travaillant sur le document sonore que l'on questionnera sur l'origine sociale de ce locuteur, en lui faisant préciser s'il s'agit d'un paysan aisé ou d'un homme d'affaires influent.

Procédures
Diviser la classe en deux groupes A et B. Donner au groupe A le document sonore et au groupe B l'extrait de livre.

Pour ces exercices, le groupe A n'aura pas la transcription du document. Elle ne lui sera remise que pour les exercices des deux autres parties. Faire écouter et lire les documents avant de donner les instructions des exercices. Il sera néanmoins nécessaire de préciser aux membres du groupe A qu'ils devront chronométrer l'extrait.

ÉCOUTER }
LIRE   } POUR IDENTIFIER

Objectifs: Les exercices suivants permettent: 1 — de contrôler la compréhension des principales informations données dans l'interview; 2 — de faire apparaître la similarité des documents du point de vue événementiel; 3 — de replacer les documents dans leur contexte socioculturel.

Procédures
Exercice n° 1
Distribuer aux deux groupes d'apprenants le texte suivant:

Le 9 octobre 1969, Jacques Chancel, journaliste à France-Inter, recevait dans son émission Radioscopie, *Sylvain Floirat, P.-D.G. d'Europe n° 1. Cet homme alors âgé d'environ 70 ans, originaire de Nailhac* [1] *(Périgord) s'exprime avec un accent régional très marqué. Issu de milieu modeste, il est à la tête d'un des plus grands empires financiers du moment.*

Faire comparer ce document avec les extraits entendus ou lus, en demandant quels sont les renseignements que les apprenants possédaient déjà et ceux qu'ils ne pouvaient pas connaître à la seule audition ou lecture.

Exercice n° 2
On a rédigé des titres pour chacune des séquences du récit. Ils sont présentés aux étudiants dans un ordre qui n'est pas celui de la narration. Faire rechercher, pour chacun d'entre eux, l'extrait du livre ou du document sonore correspondant.

Exercice n° 3
Faire une lecture globale des deux extraits ci-dessous (doc. 2 et doc. 3) qui présentent: 1 — un portrait d'instituteur; 2 — l'examen du certificat d'études.

ÉCOUTER ⎫
LIRE ⎬ POUR RÉFLÉCHIR ET PRODUIRE

Objectifs: Faire relever les différences existant entre les deux documents sur le plan des énoncés rapportés et de l'implication de l'énonciateur dans son récit.
Donner aux apprenants un premier aperçu de l'ensemble des différences existant entre les deux documents.

Procédures
Exercice
Pour ce travail, la classe est encore divisée en deux groupes. Distribuer à chacun d'entre eux une grille à trois entrées: personnages (noms et caractéristiques), propos des personnages (énoncés rapportés), commentaires du narrateur. Ce relevé effectué, faire établir une comparaison entre les deux tableaux et demander aux apprenants de donner leur point de vue personnel sur ce récit.

Objectifs: Sensibiliser les apprenants à certaines particularités du discours oral: le rôle des marqueurs d'enchaînement «et» et «mais» et celui des répétitions et des accents d'insistance.

Procédures
Exercice n° 1
Distribuer à l'ensemble de la classe le texte extrait du livre de J. Chancel. Faire écouter l'extrait de l'émission de radio et faire souligner sur le texte ce qui est effectivement entendu.

Exercice n° 2
a) Faire écouter le document sonore simultanément à la lecture d'une transcription truquée d'où auront disparu les marqueurs d'enchaînement. Faire retrouver la nature des éléments disparus et les faire remettre à leur place.

---
1. Il semble qu'il s'agirait en fait de la commune de *Nadailhac* dont le nom a été déformé par le locuteur.

b) Diviser la classe en plusieurs groupes. Distribuer à chacun d'eux une feuille comportant un tableau à trois entrées, représentant une amorce de conversation entre deux locuteurs A et B. Dans la colonne de gauche figurent dans une bulle

les propos du locuteur A; dans la partie centrale, une bulle contient les conclusions que B tire des arguments présentés par A.

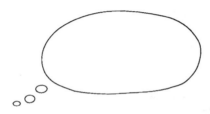

Dans celle de droite, on a placé dans une troisième «bulle» les contre-arguments que A donne et qui annulent l'interprétation de B. Le tableau contient huit fragments de conversations qui sont répartis dans différentes bulles placées en désordre. Le jeu consiste à reconstituer les échanges entre A et B en reliant entre elles les bulles concernant un même événement. Le groupe qui a reconstitué le plus vite les propos échangés entre A et B est l'équipe gagnante.

c) Faire réécouter le document sonore et demander aux apprenants de noter sur une feuille les mots qui leur paraissent les plus importants, soit parce qu'ils font l'objet de reprise, soit parce qu'ils sont porteurs d'un accent d'insistance.

Objectifs: Sensibiliser les apprenants à l'influence des conditions de réalisation et d'échange sur une production langagière en leur faisant produire un autre discours à partir de l'entretien entre J. Chancel et S. Floirat.

Procédures
Exercice
Faire simuler la rédaction par J. Chancel d'un autre livre: *Mes mémoires de journaliste.* On supposera que la rencontre avec S. Floirat en est un des chapitres. À partir des informations données dans le document sonore, on fera rédiger aux étudiants ce qui en serait le début.

Ce travail implique des transformations linguistiques: elles ont été préparées dans les exercices précédents. On demandera aux apprenants:

1 — de ponctuer les textes,

2 — de supprimer les hésitations et les constructions inachevées,

3 — de remplacer le «*je*» de S. Floirat par «*il*»,

4 — de faire un portrait de S. Floirat, en mentionnant son accent et son appartenance socioculturelle,

5 — de supprimer les enchaînements réalisés à l'aide de «*et*» et de les remplacer par des commentaires sur l'anecdote présentée et sur l'attitude de S. Floirat pendant l'émission.

DOCUMENT 1

Périgueux

DOCUMENT 2: PORTRAIT DE «MAITRE D'ÉCOLE»

a)

[...] Le vieux maître d'école était souriant mais visiblement fatigué. Il s'accouda à la planche rêche et souffla longuement. Il avait posé son melon sur ses genoux.

Les gens le regardaient sans mot dire, avec une affection respectueuse. On le connaissait dans bien des villages autour de Fontvieille et on le citait en exemple. Ah! M. Bertrandou de Fontvieille, voilà un maître! Il n'a jamais bougé de son village et il en a enseigné du monde, celui-là! C'est le premier véritable instituteur que nous avons eu. Ce qu'il peut savoir, cet homme, c'est incroyable! Il vous parle du pays depuis les temps les plus reculés, des Gaulois, des Romains, de l'invasion des Arabes, des châteaux forts, des guerres et des révolutions. Il vous dit les noms des pierres, la façon dont circule l'eau ou la manière dont tournent les vents. Et il ne sait pas les choses de routine comme tant de vieux, il les comprend et il les explique. Un vrai maître, oui, sévère pour les enfants mais c'est pour leur bien et serviable pour tous. Et patient malgré tout, recommençant dix fois et vingt fois ses explications pour les petits comme pour les grands [...]

b)

[...] À l'école ou à l'auberge, dans une cuisine de ferme ou dans la salle de la mairie dont il assurait le secrétariat. M. Bertrandou demeurait le maître, *lou régent*, et chaque occasion lui était bonne pour donner ses leçons. Il aimait à parler de la Révolution de 89, la première, la grande, celle qui avait renversé la Bastille et les châteaux forts, celle qui avait donné la terre aux paysans. C'est là que la liberté avait commencé. Maintenant, on avait la République, ça n'avait pas été sans mal, et sans doute, tout n'allait pas pour le mieux, mais à mesure que le peuple s'élèverait en savoir, la République prendrait des forces [...]

c)

[...] À chaque rentrée d'octobre, la première leçon de morale était consacrée à Jules Ferry et M. Bertrandou faisait copier par les grandes divisions les paroles du serment que le pionnier de la laïcité avait prononcées en 1870: «Entre tous les problèmes de ce temps, j'en choisirai un auquel je consacrerai tout ce que j'ai d'intelligence, tout ce que j'ai d'âme, de cœur, de puissance physique et morale: c'est le problème de l'éducation du peuple.»

Extraits de *Le Maître d'école*, P. Gamarra. Ed. Temps Actuels (rééd. 1983).

DOCUMENT 3: L'ENFANT ET LE CERTIFICAT D'ÉTUDES

a)

[...] Jamais Simon Sermet n'avait oublié ce jour de juin 1905. Sa mémoire en avait gardé chaque minute avec une fidélité admirable. Tout était là, tout était resté. Depuis les chants des coqs à l'aube grise jusqu'à l'orage de la nuit, jusqu'au délicieux sommeil qui l'avait emporté enfin, tandis que la pluie battait aux volets de sa maison natale, la merveilleuse journée vivait et revivait dans son cœur, intacte, lourde et brillante comme un fruit. [...]

b)

[...] Simon était debout, près de son père, dans la foule des parents et des élèves qui attendaient la proclamation des résultats. Un bourdonnement un peu craintif emplissait la cour. Les enfants n'osaient plus courir. L'ultime instant approchait [...]

c)

[...] L'Inspecteur ajusta son lorgnon et proclama : «Procès-verbal de la Commission d'examen des épreuves du Certificat d'Études Primaires du canton de Saint-Ély pour la session du...»

«Sermet, Simon, premier du canton...», annonça l'Inspecteur d'une voix forte.

Il y eut une nouvelle houle parmi les gens et la main de Simon se mit à trembler follement. Mais la peur s'était effacée. La joie venait, il lui semblait que son cœur grossissait, montait dans sa poitrine. Les gouttes de pluie qui mouillaient son visage étaient devenues des caresses. Tout était beau, les briques roses de l'école, les petits acacias, le ciel trouble. La voix de l'Inspecteur continuant sa lecture — mais Simon n'arrivait pas à suivre et à comprendre — formait une musique plus belle que toutes.

Le père se pencha vers son fils. Sermet était un homme solide et carré, large de torse et court de jambes avec un bon visage placide, barré d'une moustache grise très fournie. Il était vêtu d'une blouse noire toute neuve, étrennée pour la circonstance.

— Ça y est, tu es passé, *moun fil*, dit-il à mi-voix. Premier du canton, *lou prumié*! Tu as entendu, ce qu'il a dit, M. l'Inspecteur, *lou prumié moun fil*. Tu es passé! Tu es passé le premier de tous! [...]

d)

[...] — C'est très bien, mon enfant, disait l'Inspecteur. Tu as obtenu cette place avec honneur. Je t'en félicite et je félicite ton maître. Il faut maintenant persévérer. Tu travailles pour toi, pour les tiens mais aussi pour ta patrie qui a besoin de citoyens instruits et laborieux. C'est très bien, mon enfant, continue sur ce chemin [...]

e)

[...] Sermet avait assisté à la scène depuis la dernière marche du perron. Il reprit son fils par la main et se dirigea à pas lents vers la sortie. Il tordait toujours sa moustache. Il savait qu'on le regardait et il se disait en lui-même : «Oui, c'est moi, Sermet, moi Sermet du village de Fontvieille, le père de Simon Sermet, le premier du canton. Il est passé avec les félicitations de l'Inspecteur. Moi, un simple métayer, je suis le père de celui-là, ce petit de rien du tout, petit comme un friton, mais il en a dans la tête que vous le voyez...» [...]

Extraits de *Le Maître d'école*, P. Gamarra. a) b) p. 1, c) p. 11, d) et e) p. 13. Éd. Temps Actuels (rééd. 1983).

DOCUMENT 4

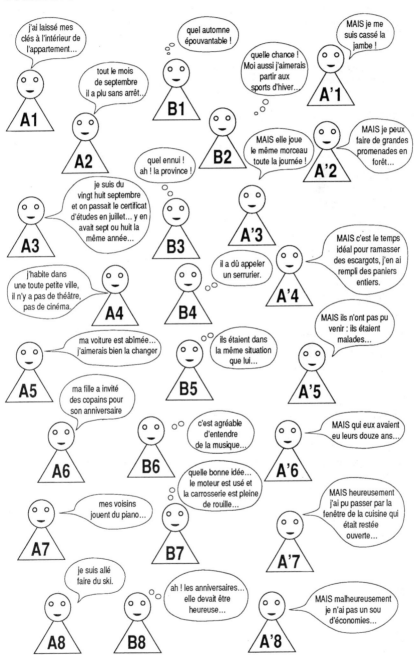

DOCUMENT 5

UN ÉLÈVE DOUÉ MAIS TROP JEUNE POUR PASSER LE CERTIFICAT D'ÉTUDES.	de « à «	» »

RENCONTRE DU PÈRE ET DE L'INSTITUTEUR (1) : de « »
PROPOSITION DU MAÎTRE, REFUS DU PÈRE. à « »

UN INSTITUTEUR MERVEILLEUX ! de « » à « »

LE MAIRE DE NAILHAC. de « » à « »
de « » à « »
UN HOMME COMME IL N'EN EXISTE PLUS !
de « » à « » .
RENCONTRE DU PÈRE ET DE L'INSTITUTEUR (2) :

CONTRE-PROPOSITION DU MAÎTRE, ACCEPTA- de « » à « »
TION DU PÈRE.

UN REGRET : L'INSTITUTEUR TROP TÔT »
DÉCÉDÉ N'A PU CONNAÎTRE L'ASCENSION de « » à «
SOCIALE DE SON ANCIEN ÉLÈVE. •

DOCUMENT 6

PERSONNAGES (Relevé des noms et de leurs caractéristiques)	PROPOS DES PERSONNAGES	COMMENTAIRES DU NARRATEUR

RÉFÉRENCES
BIBLIOGRAPHIQUES*

ALI BOUACHA A.
1981   « *Alors* dans le discours pédagogique : épiphénomène ou traces d'opérations discursives ? » *Langue française* (50), Paris, Larousse, mai, pp. 39-58.

ALLAIRE S.
1975   *La subordination dans le français parlé devant les micros de la radiodiffusion,* Paris, Klincksieck.

AUCHLIN A.
1981   « Mais, heu, pis bon, ben alors, voilà, quoi », *Cahiers de linguistique française* (2), Université de Genève, pp. 141-159.

AUSTIN J.L.
1970   *Quand dire, c'est faire,* Paris, Seuil, 189 p.

AUTHIER J.
1978   « Les formes du discours rapporté. Remarques syntaxiques et sémantiques à partir des traitements proposés », *DRLAV* (17), Paris, Université de Paris III, pp. 1-87.

BACHMANN C.
1977   « Analyse de conversation », *Pratiques* (17), Metz, Collectif d'enseignants, pp. 77-99.

BAKHTINE M.
1977   *Marxisme et philosophie du langage,* Paris, Éd. de Minuit (1re édition, Leningrad, 1929), 233 p.

BEACCO J.C., LEBRE M., LIEUTAUD S., MALANDAIN J.L.
1977   *Le document oral brut dans la classe de français.* La transcription de documents sonores authentiques, Paris, BELC, 25 p.
1982   « Allumettes, Biscottes », *Le français dans le monde* (172), octobre, Paris, Hachette/Larousse, pp. 55-69.

BENVENISTE E.
1966   *Problèmes de linguistique générale* (tome 1), Paris, Gallimard, 357 p.

BESSE H., PORQUIER R.
1984   *Grammaire et didactique des langues,* Paris, CREDIF, Hatier, coll. LAL, 286 p.

BLANCHE-BENVENISTE C., JEANJEAN C.
1987   *Le français parlé. Transcription et édition,* INALF Didier Érudition, 164 p.

BOURQUIN J.
1984   « L'ouverture d'une conversation familière banale et sa reprise thématique. Contribution à l'analyse du rôle de l'interaction conversationnelle », *Travaux du Centre de recherche sémiologique* (46), Université de Neuchâtel, pp. 57-80.

---

* Je me suis limitée aux références bibliographiques qui m'ont servi à la rédaction de cet ouvrage.

CALLAMAND M., FIRMIN F., LIEUTAUD S.
1972 a   *Vin, cuisine, mode, dossier niveau II, éléments de civilisation liés à la pratique de la langue,* Paris, BELC, 78 p.
1972 b   *Le théâtre, dossier niveau II, éléments de civilisation liés à la pratique de la langue,* Paris, BELC, 78 p.

CAPELLE M.J., MALANDAIN J.L., TROUTOT M.
1985   *Ne raccrochez pas* (1 et 2), Paris, BELC, 84 p. et 75 p.

CHAFFORT R., GRANDET E., LAUBEPIN J.J., LESCURE R., POTHIER M.
1982   *À l'écoute des publicités radio,* Paris, CAVILAM-Radio France, 385 p.

CHEVALIER J.C. (et al.)
1979   « Oui, mais non mais » ou « il y a dialogue et dialogue », *Langue française* (42), mai, Paris, Larousse, pp. 82-92.

CHICLET F., DUPRE LA TOUR J.
1983   *Les français des Français,* Paris, Sermap, 106 p.

CICUREL F., PEDOYA E., PORQUIER R.
1987   *Communiquer en français,* Paris, Hatier International, 160 p.

DABENE M.
1985   *Écriture et lecture chez l'adulte — approche empirique de la compétence scripturale,* Thèse d'État, décembre, Université de Franche-Comté, Besançon, 663 p.

DAROT M., LEBRE-PEYTARD M.
1983 a   « Ben, hein, c'est pas restreint ici » ou « hein, marqueur d'interaction et d'argumentation », *Le français dans le monde* (176), avril, Paris, Hachette/Larousse, pp. 89-91.
1983 b   « Oral : les hésitations », *Le français dans le monde* (180), octobre, Paris, Hachette/Larousse, pp. 102-104.
1984   « Tours de parole et conversations familières », *Le français dans le monde* (184), avril, Paris, Hachette/Larousse, pp. 87-90.

DELOFEU J.
1977   « La syntaxe et les constructions binaires », *GARS* (1), Université d'Aix-en-Provence, pp. 30-61.

DE MARGERIE C., PORCHER L.
1981   *Des médias dans les cours de langue,* Paris, CLE International, 112 p.

DESCHAMPS A., GROSJEAN F.
1972   « Analyse des variables temporelles du français spontané », *Phonetica* (vol. 26, n° 3), S. Karger, pp. 129-156.
1975   « Analyse contrastive des variables temporelles de l'anglais et du français : vitesse de parole et variables composantes, phénomènes d'hésitation », *Phonetica* (vol. n° 31), S. Karger, p. 144-184.

DUCROT O.
1980   *Les mots du discours,* Paris, Éd. de Minuit, 246 p.

DUNCAN S.
1973   « Towards a grammar for a dyadic conversation », *Semiotica* (IX,1), The Hague Mouton, p. 29-46.

ESTRADE C., LEBRE-PEYTARD M., VERDOL J.
1984   *Des Parisiens ont la parole,* Paris, BELC, 320 p.

FILLOL F., MOUCHON J.
1977 a   « L'oral », *Pratiques,* (17), octobre, Metz, collectif d'enseignants, 140 p.
1977 b   « Les éléments organisateurs du récit oral » *Pratiques* (17), octobre, Metz, collectif d'enseignants, pp. 100-127.
1980   *Pour enseigner l'oral,* Paris, CEDIC, coll. « Textes et non textes », 135 p.

FIRMIN F. LEZY D.
1974   *La ville, dossier niveau II, éléments de civilisation liés à la pratique de la langue,* Paris, BELC, 41 p.

FLAHAUT F.
1979   « Le fonctionnement de la parole. Remarques à partir des maximes de Grice », *Communications* (30), Paris, Seuil, pp. 73-80.

FONAGY I.
1980   « L'accent français, accent probabilitaire (dynamique d'un change-ment prosodique) », *Studia Phonetica* (15), Montréal, Paris, Bruxelles, Didier, pp. 123-233.

FONAGY I., LEON P.R.
1980   « L'accent en français contemporain », *Studia Phonetica* (15), Mon-tréal, Paris, Bruxelles, Didier 235 p.

FRANÇOIS D.
1977   « Traits spécifiques de l'oralité », *Pratiques* (17), octobre, Metz, collectif d'enseignants, pp. 31-51.

GALISSON R.
1980   *D'hier à aujourd'hui: la didactique générale des langues étrangères,* Paris, CLE International, 160 p.

GALISSON R., COSTE D.
1976   *Dictionnaire de didactique des langues,* Paris, Hachette, coll. F, 612 p.

GOLDMAN-EISLER F.
1972-1973 « La mesure des pauses: un outil pour l'étude des processus cognitifs dans la production verbale », *Bulletin de Psychologie* (304), Groupe d'études de l'Université de Paris, Paris, pp. 383-390.

GRICE P.
1979   « Logique et conversation », *Communications* (30), Paris, Seuil, pp. 57-94.

GULICH F.
1982   « La phrase segmentée en français et en allemand: une technique particulière à la communication orale », Lyon, PUL, pp. 33-66.

HOUDEBINE A.M.
1970   « Pour qui, pourquoi, et comment transcrire? », *Le français dans le monde* (145), juin, Hachette/Larousse, pp. 28-35.

HYMES D.
1972   *Vers la compétence de communication,* Paris, CREDIF, Hatier (pour la traduction française en 1984), 220 p.

ISENBERG H.
1970   « Der Begriff text in der Sprachttheroie MSG », *Bericht* (8), August, 21 p., cité par BOURDIN J.F., DUHEM P., *Langages* (26), juin 1972.

JAKOBSON R.
1963   *Essais de linguistique générale,* Paris, Éd. de Minuit, 260 p.

JOB B.
1982   *À l'écoute... l'information radio et la publicité,* Paris, CLE International, 112 p.

KERBRAT-ORECCHIONI C.
1980   *L'énonciation: de la subjectivité dans le langage,* Paris, Colin, 290 p.

LABOV W.
1978   *Le parler ordinaire* (tomes 1 et 2), Paris, Éd. de Minuit, 353 p. & 176 p

LAPARRA M.
1982   « Sélection thématique et cohérence du discours oral », *Le français moderne* (3), juillet, Paris, pp. 208-236.

LAROCHE-BOUVY D.
1984   *La conversation quotidienne,* Paris, CREDIF, Didier, coll. « Essais », 197 p.

LEBRE-PEYTARD M.
1982 a « De l'écoute des documents sonores à leur utilisation en classe », *Décrire et découper la parole (I).* Paris, BELC, 212 p.
1982 b « Un syndicaliste parle des problèmes de l'emploi », *Le français dans le monde* (172), octobre, Paris, Hachette/Larousse, pp. 60-64.
1982 c « Mamie et petit-fils », *Le français dans le monde* (172), octobre, Paris, Hachette/Larousse, pp. 51-54.
1984 a « Le rôle des constructions segmentées dans l'organisation des discours oraux », *Le français dans le monde* (188), octobre, Paris, Hachette/Larousse, pp. 105-108.
1984 b *À l'écoute de... l'entretien et l'interview,* Paris, CLE International, 112 p.
1987   *« L'écoute-analyse » des documents sonores et leur utilisation en classe de langue,* Université de Paris III, Sorbonne-Nouvelle thèse de doctorat, 845 p.

LECLERCQ J.
1970   *« Puis » et « alors » dans les récits d'enfants. Étude de conversations d'enfants de 9 ans* (6), Paris, CREDIF, 22 p.

LE FRANÇAIS MODERNE n° 3,
1977   « Le français parlé, langue et usage », *Le français moderne,* juillet, Paris, CILF, 288 p.

LEHMANN D. (coord.)
1985   *Recueillir la langue circulante: médias, environnements,* Paris, CREDIF, 232 p.

LEON P.R.
1971   « Principes et méthodes en phonostylistique », *Studia Phonetica* (4), Montréal, Paris, Bruxelles, Didier, pp. 3-41.

LOVY-BOUCHET M.
1977   « Essai sur la structure d'un discours parlé » (Conversation libre à plusieurs locuteurs), *GARS* (1), Université d'Aix-en-Provence, pp. 149-161.

LUCCI V.
1971   « L'accent didactique », *Studia Phonetica* (15), Montréal, Paris, Bruxelles, Didier, pp. 107-121.
1983   *Étude phonétique du français contemporain à travers la variation situationnelle,* Grenoble, Université des langues et lettres, 360 p.

LUZZATI D.
1982   « *Ben,* appui du discours », *Le français moderne* (3), juillet, Paris, CILF, pp. 193-207.
1983   *Recherches sur la structure du discours oral spontané,* juin, thèse de 3ᵉ cycle, Université de Paris III.

MALANDAIN J.L.
1982   *Décrire et découper la parole* (2), Paris, BELC, 1982, 258 p.
1988   *60 minutes... 60 voix... 60 exercices,* Paris, Hachette, 127 p.

MASSELOT P.
1975   « Le message d'informations radiophonique, éléments pour une

approche pédagogique », *Cahiers du CRELEF* (1), mars, Université de Besançon, CRDP, pp. 32-42.

1977   « Pour une écoute active de la prosodie du journal parlé », *Cahiers du CRELEF* (3), janvier, Université de Besançon, CRDP, pp. 43-77.

1979   *La presse parlée — Méthodes d'approche et de description,* Université de Besançon, thèse de 3ᵉ cycle, 543 p.

1975   « Pour une approche en système scolaire de la prosodie du journal parlé », *Langue française* (28), Paris, Larousse, pp. 91-100.

MAURIAC P.

1977   « La segmentation en français parlé : reprise du sujet », *Die Neuren Sprachen,* Frankfurt Moritz Diesterweg, pp. 138-149.

MICHEL-LOPEZ A.

1982   « De l'oral à l'écrit ou les avatars du locuteur et de l'interlocuteur », *Le français moderne,* juillet, Paris, CILF, pp. 243-251.

MOIRAND S.

1979   *Situations d'écrit,* Paris, CLE International, 160 p.

MOREAU M.L.

1976   *« C'est »,* étude de syntaxe transformationnelle, mars, Université de Mons.

MOREL M.A.

1985   « L'oral du débat », *Langue française* (65), Paris, Larousse.

MOUCHON J.

1978   « Pour enseigner l'oral », *Cahiers du CRELEF* (7), décembre, Université de Besançon, CRDP, pp. 1-10.

MOUILLAUD M.

1984   « Espace et temps radiophoniques : les tranches horaires matinales », *Aspects du discours radiophonique,* Paris, Didier Érudition, pp. 61-70.

PEDOYA-GUMBRETIERE E.

1981   *Expression prosodique de l'articulation du discours en français contemporain,* Université de Paris III, thèse de 3ᵉ cycle, 378 p.

PEYTARD J.

1970   « Oral et scriptural : deux ordres de situations et de descriptions linguistiques », *Langue française* (6), mai, Paris, Larousse, pp. 35-48.

1971   « Pour une typologie des messages oraux », *Syntagmes,* Paris, Annales littéraires de l'Université de Besançon, Les Belles Lettres, pp. 10-26.

1975   « L'oral comme point de départ de la narration écrite », *Cahiers du CRELEF* (1), mars, Université de Besançon, CRDP, pp. 11-18.

1977   « Pédagogie de l'écoute et transcodage (sémiologie, linguistique et enseignement du français) », *Cahiers du CRELEF* (3), janvier, pp. 29-33.

1981   « L'oral et les médias », *L'audiovisuel et les médias à l'école élémentaire,* Paris, Bourrelier-A. Colin.

1982   « Instances et entailles du texte littéraire », *Littérature et classe de langue,* Paris, CREDIF, Hatier, coll. LAL, pp. 139-151.

PEYTARD J., PORCHER L.

1975   *Textes et discours non littéraires — description et enseignement, Langue française* (28), décembre, Paris, Larousse, 128 p.

PEYTARD J., CUBY R.

1979   « Presse écrite/Presse parlée — Approche sémiologique pour une classe de 5ᵉ », *Cahiers du CRELEF* (8), juin, pp. 19-27.

PINCHON J. (dir.)

1982   *L'oral en situation, Le français moderne* (3), juillet, Paris, CILF, 286 p.

POHL J.
1974 « Problème de l'omission de *ne* dans le français contemporain »,
Le français dans le monde (111), février-mars, Paris,
Hachette/Larousse, pp. 17-23.

PORCHER L.
1980 « Discours socio-pédagogiques », *Lignes de force du renouveau actuel en DLE*, Paris, CLE International, pp. 83-99.
1981 « Pour un usage critique des médias à l'école », *Cahiers du CRELEF* (11), février, Université de Besançon, CRDP, 69 p.

PORQUIER R.
1972 « Emplois de *ça* en français parlé », *Le français dans le monde* (91), septembre, Paris, Hachette/Larousse, pp. 9-16.

PORQUIER R., VIVES R.
1974 « Sur quatre méthodes audiovisuelles, essai d'analyse critique », *Langue française* (24), décembre, Larousse, pp. 105-122.

RECANATI F.
1979 *La transparence et l'énonciation — pour introduire à la pragmatique,* Paris, Seuil, 215 p.

SAUVAGEOT A.
1972 *Analyse du français parlé,* Paris, Hachette, coll. F, 191 p.

SEGUINOT A.
1977 « L'accent d'insistance en français standard », *Studia Phonetica* (12), Montréal, Paris, Bruxelles, Didier, pp. 1-57.

TITEUX G.
1978 « Pour une pratique pédagogique du transcodage : le passage à l'écrit », *Cahiers du CRELEF* (7), décembre, pp. 20-40.

VERON E.
1981 *Construire l'événement, les médias et l'accident de Three Miles Island,* Éd. de Minuit, 176 p.

VIGNER G.
1984 *L'exercice dans la classe de français,* Hachette, coll. F, 220 p.

WEINRICH H.
1978 *Le temps,* Paris, Seuil, 335 p.